出世のお作法

45歳からの「清」「濁」
二刀流リーダーシップ

プレジデント社

はじめに　なぜ、今、よりによって「出世」なのか

先にお伝えしておきます。この本の中で、読者の皆さんにお届けしたい最も重要なメッセージは、会社や社会にとって「誰が出世することが、周囲の人を一番幸せにするか」についてです。

ここに、あなたに出世していただきたい理由が存在します。

この言葉に少しでもピンときた方は、どうぞこの本で、考え、学び、実践してみてください。

出世のお作法とは、そのような「本当は出世すべき人」に身につけていただきたい「考え方・動き方」です。知識やスキルおよびマインドも含まれますが、正確にいうと、それらを包含する「やわらかなルール」です。詳細は本書の中で解説いたします。

では、そもそも出世とは何でしょうか。

それは「社会的に高い身分」や「組織内での高い地位」を得ることです。簡単にいうと偉くなることになります。

ビジネスパーソンが組織内で偉くなることを実感として持つのは、係長、課長、部長と、職位が上がっていくときでしょう。

この本には、まさに部長になる、役員になるためのヒントを書いています。出世のために「是非とも参考にしていただきたいお作法」として。

では、お作法という言葉をもう少し掘り下げましょう。

辞書を引くと「ものごとを行う上での決まったやり方」「しきたり」「礼儀」、そして「美しい身のこなし」と出てきます。出世には、知識やスキルも大事ですが、それらを宝の持ち腐れにしないためにも、これらのお作法が何よりも重要になるのです。


「そもそも、出世はそんなに魅力的なことなのか……」

そんな疑問を抱く人もいらっしゃいます。

「出世には興味がありません」と、はっきり宣言する人もいるでしょう。

もし、世の中の大半の人が本気でそう思っていれば、出世のための競争は相手が少ない分、楽になるはずですが、そんなことはありません。

虎視眈々か闘志むき出しかは別としても、それなりに多くの人がそのために鎬《しのぎ》を削っています。


組織では、上位にいけばいくほど、椅子が少なくなりますし、ライバルが手ごわくなるので、苦労します。

いっそのこと「評価され偉くなっていくことには興味がありません！」と力強く宣言して、この競争から降りたほうがプライドも保たれますので、楽になります。「興味がない」という言葉の裏には、そのような心理があるのかもしれません。


出世すると安泰な生活が望めます。

何よりも給料が上がるからです。

使えるお金が増えることで豊かな生活が実現できます。

それだけではありません。

自分の思いで人を動かすことができて、成果を出せれば、仕事でより高い満足を得ることが可能となるでしょう。チームでの成果が認められれば、それを一緒に喜ぶ仲間も増えて、自分自身のさらなるやりがいに確実につながります。

この本では、出世の意味（何のために組織の中で立場を上げていくのか）についても実例を通して考えていきます。

出世には、「他者を蹴落としてでも這い上がる」という悪いイメージがあるかもしれません。

私自身がエグゼクティブコーチングを提供する人たちの中にも「だから出世は望まない」と明言する人が一定数いらっしゃいます。

しかし、そういう人たちでも、「（偉くなって）リーダーになる」ことに、ご自身なりの意義、例えば「仲間を率いることで、世の中に、より大きなお役立ちをしよう」といったことを見出した後は、言動が変わっていきます。
　これぞ、健全なリーダー候補の誕生の瞬間です。

「偉くなることへの健全な意義を見出したリーダー」がその役割を全うすれば、その周囲の人を幸せにすることができます。このように、他人を幸せにする力を持つ人が出世すべきなのですが、なかなか現実は厳しいものです（そこに一石を投じたいという思いで、本書を執筆しています）。

健全な心だけでは出世できないのか、その通りです。
同時に「どんな手を使ってでも」戦う覚悟も必要になります。
出世欲の高い人間との競争に勝つには、相手の手の内を知り、場合によっては先にそれをやってしまうくらいの「巧みさ」「賢さ」、時に「ずるさ」も求められます。言わば、清濁あわせ呑むリーダーシップが必要になるのです。

　この本の著者である私は、出世の専門家ではありませんが、コーチングという仕事に長くかつ深く携わっている意味では「出世を応援する専門家」です。

会社の経営や人事が「この人を成長させたい（出世させたい）」と思う人に対し、外部コーチとしてその支援に深く関わってきましたので、「どのような人が出世するのか」「出世にはどのような考え、言動が有効か」という法則のようなものを見つけました。仕事ができるだけでは出世できないケースも多々ありますし、仕事が（自分の力だけではさほど）できなくても出世する人も少なからず存在します。

「上司にとってのイエスマンなら出世する」とか「上司に気に入られるかどうかですべてが決まる」「自分を犠牲にして会社にすべての時間をささげるべし」など、そのような浅い分析と奇をてらったメッセージを発信するつもりはありません。

極端な断言は、実際あまり役立ちません。それは、気休めにしかなりませんので、本書ではできるだけ事実とそこで私自身が「重要だ」と感じたことを書きました。

一方で、出世することで「失うもの」もたくさんあります。

「誰からも愛される人」が出世することはありません。会社など、集団で目標を達成する組織の活動は、人気投票でトップ当選する人を選んでも務まらないからです。
ある意味「出世すること」とは、苦痛を伴うことが多い仕事に就くことを意味します。

時としてかわいがっていた部下に対し、冷徹な判断をすることも必要になります。それができる自分でなければなりませんし、そんな自分であり続けることに耐えなければなりません。
どんどん孤独を感じることになるでしょう。

だからこそ、「自分が出世することで他者を幸せにできる」と感じ、そこに挑戦する気持ちを持つ人の、明確なパーパス（目的）が必要になります。「出世のお作法」を身につけた「志の高い人材」が、社会に、組織にたくさん生まれてきてくれることを願い、この本を世に出したいと思います。

本書のサブタイトルにある「『清』『濁』二刀流」における「清」とは、リーダーが持つべき「志」「他者への感受性」「深い愛情」、つまり「利他」を表します。

一方、「濁」とは、リーダーが持つべき「ずるさ」「厳しさ」「成果への執念」、そして「(良い意味での)私利私欲」といえます。言葉の本来の意味とは外れる部分もありますが、「清」の対比として紹介します。

この両極を頭に置いて読み進めてください。今すぐ役立つもの、もしくは将来に役立つことが吸収できると思います。

どうぞ最後までお付き合いください。

2024年4月吉日

鳥谷陽一

目次

第6章 お作法——6 堂々と「高い報酬」を受け取る

序章 出世のための〝7つのお作法〟とは？

この本では、全部で7つの「出世のお作法」を紹介していきます。概要は以下の通りですので、まずは、それぞれの趣旨をご理解ください。

■お作法① 背中に断固たる「刀」を持つ！（第1章）

「正面の理、側面の情」という言葉があります。これは、まずは「理屈」を正面から伝え、時々は「情」を見せることで、うまく人の活力を引き出そうというものです。

例えば、まず公の場で部下に向かって「私がこの組織の責任者で、あなた方はその部下です。指示に従っていただきます」といった一貫した態度をとりながらも、時々は、「何とか協力してくれませんか。あなたの力が必要です」といった情に訴えるコミュニケーションをとる、ということです。

しかし、それでも動かない人もいます。役職定年や再雇用で給料が下がり、モチベーションを落としている人たちなどが当てはまりそうです。若い頃にお世話になった先輩だと、簡単な指示ですら心理的な壁が高くなることでしょう。

相手が「理」でも「情」でも動かない、そのときは最終手段、「背中の刀を抜く覚悟があること」を示さなければなりません。刀とは「上司である私の命令に従えないのであれば、何らかの懲罰を下します」といった宣言でもあり、単なる脅しではないという気迫です。

この章では、組織で上に立つ人に与えられた権限を有効に活用する方法を学びます。

■お作法② 「非情」で「冷徹」な判断力を磨く（第2章）

部下に嫌われたくないというのは多くの管理職やリーダーの持つ心情であるようです。しかし、組織は「好かれる管理職」を必ずしも望んでいるわけではありません。部下から評判が良いだけでその人を要職に登用するわけでもありません。むしろ経営サイドから、「部下から好かれているだけでは心もとない」という逆の判断をされることもあります。

その判断は、階層が上がれば上がるほど顕著になるものです。人気があるかではなく、成果を出せるかが重要で、そのために、時に「非情」と思われるような決定をできる人か否か、という厳しい評価がなされます。

そうでないと組織が発展しないからです。これは、リーダーの宿命でもあります。そこまでして出世すべきなのかも含め、この章では、出世のための心の準備について学びます。

■お作法3「過去の仲間」とは決別する（第3章）

「昨日まで一緒に上司の悪口を言って盛り上がっていた手前、課長に昇進したからといって、急に『今日から私が上司です』という顔はできない」と悩む人は多くいます。また、以前の自分と違うことを言う、違うことをやるのに、強い抵抗を示すリーダーも少なくありません。「そのやり方、昔はあなたも大反対していましたよね」という部下からの指摘が恐いからかもしれません。

しかし、立場が変われば言動を変える、環境が変われば過去との矛盾を恐れない、これは極めて重要な心構えです。「過去は過去、今は今」「前しか見ない」、これが成果を出すリーダーの条件といえます。この章では「過去の仲間」や「過去の自分」と決別する、その重要性を学びます。

■お作法4 上司の「息づかい」から学ぶ（第4章）

有能な上司に追いつけるかどうかは、その上司の考え方、意思決定の背景を、直接かつ具体的に学ぶ機会をどれだけ増やせるかにかかっています。

そのためには、上司に何かを提案して、その上司に（時にはさらにその上の上司に）却下される経験は極めて有効です。こちらの考えを否定される際には、「身勝手な組織の論理」「嫌気がさすほどの上司やその上司の個人的な見解」「理不尽な要求」、これらが必ず透けて見えます。しかし、そこにこそ、「誰も教えてくれないない出世のヒント」「本には書かれていないマネジメントの本質」が潜んでいるのです。この存在を早くから知り、葛藤しながらも自分の中で消化していくことが出世には有効です。「上司の身勝手さにはこう対応せよ」というような答えがあるわけではありません。

この章では事例を通して上司の思いを知ることの重要性を学習します。

■お作法5 実務を離れて身につく「専門性」を知る（第5章）

管理職やリーダーになることに抵抗を示す人は多くいます。その大きな理由は「専門性がなくなる」「第一線で活躍していたい」「管理はつまらない」「リストラの候補になりやすい」などのようです。

しかし、実務を離れたからこそ見えるものがあり、身につけることができる専門性があるのも事実です。真のマネジメントを実践していれば、その体験から学べるものは大きく、そこで得たものは、どんなチーム(人の集団)においても、必ず武器になります。

専門性がない人はリストラされやすい、これは半分事実です。しかし、実務にしがみつくことが必ずしも専門性の修練になるわけでもありません。

出世を目指すことこそ、将来にわたってリストラから自分を守る「貴重な経験」につながるのです。

■お作法⑥ 堂々と「高い報酬」を受け取る(第6章)

上司は部下より当然ながら高い報酬を得ることができます。それは担っている責任が大きいからに他なりません。

しかし、「部下ばかりに面倒な仕事をさせて申し訳ない」「上司なのに部下の業務量を減らせないのが忍びない」、そんな心理から、部下の仕事を手伝うことで、なんとか自己を保とうとするリーダーがいます。

ただ、覚えておきたいことは、役割と報酬は一体であるということ、役割を果たすことに全力を注いでいれば、何ら後ろ指をさされることはない、ということです。

「部下に申し訳ない」といった気持ちを持つ暇があれば、「自分がやるべきことは何か」「リーダーとして何ができるのか」を追求することに全力を注ぐべきです。この章ではその意味とやり方を学習します。

■お作法⑦ 究極の「利己／わがまま」を追求する（第7章）

「リーダーはビジョンを掲げるべきである、メンバーがワクワクするようなビジョンを示せれば、チームの成果は高くなる」。リーダーシップに関する本を読めば必ず目にする内容でしょう。

しかし、実際に多くのリーダーが示すビジョンでは、そのような効果が出ていないことが多いようです。

その解決のカギを握るのが、実は「利己的であるか」なのです。

「利己的なビジョン」は、チームの成果とは一見正反対のように見えますが、むしろそれがないことが原因で、魂の入らない「借りてきたビジョン」になっているケースを多く見受けます。わがままなリーダーの個人的な夢であっても、「何もないよりははるかにましである」。これがトップの本音でもあるのです。

その意味を理解し、ビジョンの本当の在り方を学びます。

■実録：「出世拒否」が変化した5人のリーダーのお話（第8章）

ここでは、著者自身が実際のコーチングで経験した「実例」を紹介します。「出世はしたくない」と頑なに拒んでいた人が、どんなきっかけで、どんな気づきで「リーダーを目指したい」と考え方を変化させていくのか、できるだけ事実に忠実に記載しています。

この本で最もお伝えしたかった、「出世の意味」をご理解いただきたい、その思いで書きました。所詮「他人のケース」ですが、その心境の変化や、その背景にあるものから、何かを必ず感じていただけると思います。「たかが他人のケース、されど」です。

また、ここでは、コーチングを仕事にしている私の目線で書き、補足説明（解説）も入れ込みましたので、「コーチングスキル（コーチングでは何を聴き、何を尋ねるのか）」の重要な一側面も学習していただくことになります。

第 1 章

お作法——1

背中に断固たる「刀」を持つ！

1-1 競技が変わる、45歳からの出世レース

出世とは、課長になり、部長になる、このような「職位が上位になること」であることは先に確認しました。組織でいう昇進が最も一般的な出世のイメージだと思います。ただし、担当課長とか専任部長とかいうポジションもありますので、役職が上がれば「すなわち出世か」というのは微妙です。給料などの待遇は良くなっている可能性は高いのですが、部下として使える人が増えているのか？　役職に「担当」や「専任」などの頭文字がつくと、そこは極めて曖昧で、厳密な出世とはいえないときもあります。

ここでは「出世」を、自分の下で使う人が増えることと、理解していただければと思います。単純に部下メンバーが3人から4人になるということだけでなく、むしろ5人のメンバーを管理していた「課長だった人」が、「部長」として3人の課長クラスを管理するようになったなど、管理する階層が増えるのが最もわかりやすい「出世」ということになります。つまり影響を受ける人が掛け算で増えていくことになるのです。あくまでこの本の中での定義ですが、一

般的なイメージとも大きくはずれていないと思います。

異なる競技への挑戦と認識する

さて、ここからが本題です。

一言で「出世」といいますが、そこに真剣に向き合うとしたら、45歳までに「課長」になる出世と、そこから「部長以上」になる出世は、「異なる競技での戦い」だと考えたほうが良いでしょう。

出世するということは、その前提として上司や会社に評価されることを意味しますので、「45歳までの評価と、それ以降の評価は、同じではない」と考えていただいても構いません。

評価される項目が違う、求められていることが違う、そのことに気づかずに、過去の勝利や以前のルールに固執して、「新しい競技であること」を認識できず、試合にすら参加できず、気がつくと「定年まであと数年」となってしまう人も少なからずいらっしゃいます。

もちろん、出世がすべてではありませんし、ご本人に後悔がないのであれば、

「もっと評価されることにこだわったほうがいい」など、他者がとやかく言う問題ではないでしょう。

それでもここで取り上げたいことは、リーダー適任者（会社の救世主候補）であるにもかかわらず、ルールが変わったことを知らないだけで、候補者から漏れていくこともある、ということです。

誰がリーダーになるか、どのような気持ちを持つ人がリーダーになるか、それはその組織の未来を左右する大きな要因となります。これはあなたの会社にとっても、そこで働くあなたにとっても、さらに周囲のメンバーにとっても重要なことです。

現状は、まだまだ「出世に対する強いこだわりを持つ人だけが、半ば強引な手段を使ってでも他者を押しのけて出世する」傾向が強いかもしれません。もちろんそのような方々の中にも、実力も実績もある人はたくさんいらっしゃいます。ただ、あなたがその人と競争せず、出世する権利を明け渡すという選択をするのは、大変「もったいない」ことになります。

45歳までの「リーダーとしての成果」は、「人の心に寄り添う」「人のモチベーションに配慮する」といった対応に時間と労力を割くことで実現する可能性を高めますので、45歳までは申し分のない成果を上げ続けることができる人はたくさんいらっしゃいます。

しかし、それ以降は（それを維持したまま）ある意味まったく異なる競技に挑戦することになります。その気持ちの切り替えができるかどうかが重要になるのです。そのための具体的なお作法を、この後学習していきます。

1-2 パワハラぎりぎり上司が重宝される組織心理

私自身が仕事にしている「エグゼクティブコーチング」は、基本的にはその参加者（クライアント）との1対1のミーティングを継続していくことで、そのクライアントの問題解決やリーダーシップの向上、キャリア開発をお手伝いします。

ただし、コーチングの序盤で必ず「そのクライアントの上司へのインタビュー」を実施します。これは、クライアントが課長であれば、その上司である部長へのインタビューであり、クライアントに対する期待や、改善してほしい点などを第三者のコーチである私がしっかりお聞きし、理解して、その後のコーチングセッションの中でうまく活用するためです。

あくまで私の経験での印象ですが、最近のクライアントが改善すべき点、つまり上司がその部下への不満として多く口にする言葉があります。具体的には以下のようなコメントです（クライアントのお名前を「田中さん」とします）。

「私の部下の田中さんは、非常に優秀ですよ。でも、それがゆえに、失敗することをすごく恐れる傾向にありますね。こちらとしては、もっと課長として新しいことに取り組んでほしいのですが、どうしても『実務に逃げちゃう』。これが田中さんの課題ですね」

「実務に逃げる」とはどういうことなのか、よくよくお聞きすると、例えば、チームメンバーの1人が何かの原因で欠員となり、その仕事を誰かがフォローしないといけないとき、真っ先にそれを自らが拾いにいってしまう、という意味のようでした。この上司からの指摘を、田中さんにそのままフィードバックするとどうなるでしょうか。

「実務に逃げる？　冗談じゃない。何が言いたいのでしょうか？　誰かが代わ

りをしないと仕事が回らないんですよ。簡単に人を補充できないのは上司もわかっているはずですよね」

このような反論が返ってくることは予想できるので、上司のコメントをそのままフィードバックすることはしません。それを素直に受け入れる状況をつくった上で共有します。

ただ、上司が課題とした「実務に逃げるな」という状況は、さまざまな組織で見受けられますし、また、実はこの言葉にこそ「出世のためのヒント」が隠れてもいるのです。

やらせ切る力

皆さんの周囲にいる部長クラス、役員クラスの人たちを思い出してみてください。どんな言動が多いでしょうか。**「あれをやれ」「これをやれ」「まだできていないのか」**など、こちらの状況など一切お構いなしで口を開くと命令ばかり。そんな無理難題を押しつけてくる人が、少なからずいることでしょう。

「人を増やしていただかないと、今のリソースではできません」と反論しようものなら**「そこを何とかするのがおまえの役目だろう、何のためにそこにいるんだ」**と切り返される、こんな不条理な経験をしている人も多いのではないでしょうか。

このように「強制力」でマネジメントしているような厄介な人たちは、まだまだ多く存在します。

一方で、この強制力は、部長以上の役割を全うするのに必要なものでもあると感じています。もちろん、部長以上、役員クラスに求められる最重要なものが、この「強制力（有無を言わさずやらせる力）」であると断言するつもりはありませんが、少なくとも人より強く持っておかないと務まらないポジションであることは間違いないと思います。

前記の「実務に逃げる」と指摘された田中さんの例でいえば、なだめすかしてでも良い、時には（パワハラにならない範囲で）きつく言って尻をたたきながらでも、何とか下に「やらせ切ること」が必要だという意味です。

そしてそれは、上にいけばいくほど求められるのです。

逆に言えば、この「やらせ切ること」、つまりは「（パワハラにならない範囲での）強制力」で人を動かすことができる人が、経営層まで出世していきやすい人ということになります。言うまでもなく「パワハラは論外」であり、あくまで「なだめすかしながら」ということになりますが。

著名な経営者ほど「人材こそ財産だ」と言うが……

経営層に、人の心をつかむマネジメントが必要ないと申し上げるつもりはありません。有名経営者の著書を読むと、むしろ「我が社の財産は人です」「人を大切にする会社が最後は勝つのです」「いかに人をその気にさせるかを意識してマネジメントしています」という文言をよく目にします。

ここだけ聞くと、「人にやさしくあることが成功の秘訣」のようにも聞こえます。それは否定しません。

しかし、その前提として、「強制してでもやらせ切ることができるか」が重要になるのです。多少の無理難題を押しつけてでも、従わせる人間、部下メンバーを通して仕事を前に進める人間」が評価される、それが組織なのです。

「30代までは優秀だったリーダーが出世できない」のではありません。それまでの成功を導いてきた「指導スタイル」「マネジメントスタイル」を、環境や役割の変化に応じて変えることができないと、「その後の出世は難しくなる」という意味です。

1-3 営業にも、営業以外にも、必要な「押し込む力」を鍛え上げる

出世するために必要なものの一つに、「押し込む力」があります。

あまり聞きなれない表現かもしれませんが、その一部を表す言葉、もしくは押し込む力がその一部に含まれる言葉としては、「提案力」「営業力」「交渉力」などがあるでしょう。

こう説明すれば、少しイメージしやすいかもしれません。

「私は営業部門の所属ではないし、これからも営業の仕事をすることはないだろうから関係ない」と考える人もいるかもしれませんが、この「押し込む力」は、営業の仕事で出世を目指す人だけに必要なものではありません。

こちらの意図することを相手に理解してもらい、それを受け入れてもらうための力は、どの仕事にも必須のスキルです。「押し込む」というのはあまり良い表現ではないかもしれませんが、言い方を変えれば「遠慮せず強く提案する力」といったことになります。

そしてこの「押し込む力（遠慮しないこと）」もまた、出世すればするほど必要なスキルになりますので、どこで使うか、どのように使うか、なぜ使うかを理解しておく必要があります。

職種によっては「それまでほとんど必要としなかった能力（それでも成果は出せた）」から「ある段階から最も重要な能力（これがないと成果はおぼつかない）」に急激に変化をする場合もあります。

求められる能力の変化を認識する

押し込む力を、営業系の仕事で考えてみましょう。営業とは、自社のサービスを外に対して「提案する仕事」です。

例えば、コンサルティング会社を例にして考えると、若手メンバーとしてコンサルティングの実務を担当するときは、論理思考やデータ分析スキル、まとめる力、表現するスキルなどの専門性が高ければ、一定程度以上の成果を出し続けることができます。

そして、その成果が認められると、徐々に、他者を使って成果を出すことが求められるようになり、さらに出世すると、チームメンバーの分まで、仕事を「クライアントから獲得してくること」が主な役割になります。そうなると、まったく別の力が求められるようになるのです。冷静に考えれば、役割が変われば求められるスキルも変わるので、当たり前なのですが、この変化に対応することができずに苦労する人は少なくありません。

私がコーチングでお会いする人の中にも、すでに上司が受注した仕事がある、もしくはお膳立てがされていて、あとはしっかり提案すれば受注できるという状態で、抜群の成果を出す人がいます。

しかし、その人が出世すると、今後はそれまで上司が担っていたお膳立ての部分、つまり「市場に自社のサービスを提案する機会そのもの」をつくって、仕事を取ってくる役割を求められることになります。

ここで大きな壁にぶち当たって身動きが取れなくなる人もいるのです。

「クライアントが『ほしいです、お願いします』と求めているのであれば、それらを提供するのは納得がいきます。でも、求めていないものを『いかがですか』と売り込むのは気が引けます。できれば営業的な仕事はせずに価値を出していきたいです」

例えば、こんなことを話す人がいます。

しかしながら、この人は、新たな能力発揮が求められる環境に挑んでさらなる出世を目指すか、それをあきらめて今の仕事に留まるかの選択をつきつけられている状態なのです。

話をわかりやすくするために、営業系の事例で説明しました。なかでもコンサルティング会社の場合は、前記のように、出世による役割の変化が顕著に出ます。

ただし、一般の事業会社でも、さらには営業系以外の機能（研究開発系でも管理部門）でも、「出世すると、お膳立てのない中での仕事をつくることが求められるようになる」という意味では、同じ種類の「難題（新たな環境に挑むか、今のままに留まることを選ぶかといったこと）の岐路」に立たされるようになります。

また、この「押し込む力」は、部下メンバーへの対応の際にも、具体的には指示指導場面でも、同じように求められることがあります。

近年は、どちらかといえば、「部下の主体性を引き出す」とか「部下がやりたいことを支援するのが管理職の役割」というサポーティブな部下指導のトレンドがありますので、それを盾にして、「押し込むこと」を避けている人も増えてきました。世の中に出ているリーダーシップの本を見れば、致し方ないことかもしれません。人間、誰しも嫌われることは避けたいという気持ちが通常は強く働きます。

かくいう私も、他者の英知を結集して成果を出すことに異論はなく、典型的な「支援型のリーダータイプ」でしたが、今反省していることは、**「他人を活かすつもりの関わり方が、他人任せになっていなかったのか」**ということです。人は誰もが、上司から納得のいかないことを強制されてもモチベーションは上がりませんが、一方でまったく刺激がなければ動きませんし、制約がなければ良いアイディアも浮かびません。

任せることは悪いことではないのですが、**そこに管理職としての自分の強い思い、あるいはその部下に対しての真の愛情がなかったのではないか、**そういう大きな反省はあります。

背中に刀を持つこと、それは組織の責任者としての覚悟を示すことに他なりません。

「和気あいあいと仕事をしながらも成果を出す」、これが現代組織の理想であることでしょう。しかしながら、人間は「易きに流れる生き物」ですから、誰かが他のメンバーとの間に見えない壁をつくり、緊張感を保つことが必要になります。

むやみに刀を振り回す必要はありません、ただし「いざとなったら抜きます」ということを、理解させておくことは必須といえます。

正面の理、側面の情、背面の刀です。

Column

もし、「あなたには仕えたくない」と言われたら？

「あなたのマネジメントは受けたくありません。部下として仕えたくないので、他のチームへの異動を希望させていただきます」

さて、もしあなたが、自分の部下からこのような喧嘩を売られたらどう対応すべきだろうか？

①「パワハラと認定されるのを恐れて、部下に迎合する」か、そこまではできないにしても、②「本人の望みを即かなえてくださいと人事に伝えることで、ことなきを得る」か、それとも、③「不服があるのであれば、辞めてください。異動は会社のルールに則って行うことなので、勝手なことは許しませんと言い切る」か……。

部下指導に唯一の正解はないし、このケースも行間の情報で判断は変わってくるが、あえて「出世する人がとるべき行動」として申し上げるなら、上司としての行動は、③の「勝手なことは許しません」になる。

もちろん部下を動機づけられていないという点では反省すべきであり、これを機会にじっくり話し合いをして、その解決を目指すべきではある。

しかし、上司のスタンスとしては「納得できないなら結構です。辞めてください」という態度を貫くべきであろう。もし本人が人事へ駆け込めば、それを受けて人事が他部署への異動を推奨してくる可能性もあるが、それでも「組織の中では本来許されるべき言動ではない」と、最後までスタンスを変えないことが必要になる。このような部下の身勝手な言動を認めると組織活動に支障をきたしてしまうからである。

そもそも、複数の人が集まれば、(最大で)人数分の意見が出ることは当然であり、なかには「どれが正解」と言い切れないものもある。それでも「どれか一つに決定して」進めていかなければならないからこそ、「責任者」が存在する。

誰かがその権限を行使して決めないと組織活動は成り立たない。全員の意見が一致することはなくても、責任者が決めたことには最終的に従わないと、組織は機能しなくなる。たとえ一部の部下メンバーが不服であったとしても……。

逆らうメンバーには「その意見に耳を傾ける必要はない」とか、「有無を言わさずクビにしろ」という意味ではない。ただ、集団の責任者になることは、決める権利を得たことと、決めた後の結果に責任を持つことを意味する。

その覚悟を持って「押し込むこと」「遠慮しないこと」、最後は自分が決めることを強く意識しなければならない。この覚悟がないと管理職に期待されている役割を遂行できなくなる。

ここまで書くと、「この話にはまったく納得できない。部下のやる気を高め、部下の働きやすい環境をつくるのが上司の仕事だ、これではリーダー失格だ」という意見を持つ人もいるのではないか。

一部は同感である。しかし、駄目なものは駄目、認めないものは認めないといった断固とした姿勢がまずは重要で、部下メンバーは、あくまでその制約条件の中で、主体的および積極的にやりたいことのアイディアを出す、これが本来のマネジメントである。「やる気を引き出す」という言葉を拡大解釈して、何でも自由に好きなことをさせるのがマネジメントではない。

あなたが出世するのはあなたの名誉のため（だけ）ではない。あなたの周囲の人を幸せにするために、あなたが出世を目指すのである。この最終目標のためには、その過程で発生する小さな衝突に右往左往しないことが肝要である。たとえそれが、相手には「力で強引にねじ伏せられた」と感じられることであったとしても。

第 2 章

お作法 2

「非情」で「冷徹」な判断力を磨く

2-1

マネジメントの物語①

「本部長と呼びなさい」

以下はある大手企業で、多くの上司や先輩社員を抜いて事業本部長に就任した人（加藤進さん）へのインタビューをもとに、物語として作成しました。出世に必要となる「非情」で「冷徹」である意味を知るためのお話です。

課長クラスが全員、急遽、会議室に集められた。新しく本部長になって東京から来た加藤が口を開く。案の定、すぐに重苦しい雰囲気になった。窓のない部屋に、11人もの男たちが座っているからなのか、それとも加藤が放つ熱気のせいなのか……。

鮮明な紺色のスーツの袖口から、ワイシャツのカフスボタンが光っている。180を超える長身から周囲を見渡した後に加藤は、廊下にも確実に届く大きな声で、きっぱりと言い切った。

「認めません、参加は必須です。必ず調整をしてください」

贅肉の少ないシャープな体、とがった輪郭と切れ長の目が、いかにも妥協を許さない「できる男」という印象を強くしている。

ホワイトボードには、3月23日(土)10時からとだけ書かれてある。

「ただねー、こっちだって半年も前から予定入れているんだから、急に今週の土曜に会議だなんて言われても困るな、加藤ちゃん」

やれやれといった表情で、頭を掻きながら抵抗を示したのは、最も長くこの関西事業部に在籍している木村だった。言いたいことをズバズバ話す木村は、決して悪い奴ではないが、部内に仲の良い人間はいない。

木村は課長になるのが誰よりも早かったので、同じ課長連中から、良くも悪くも一目置かれる存在だった。

40代前半の加藤よりも15歳以上年上である。

さらに、半年間とはいえ、加藤の直属の上司であったこともあるのだ。加藤にため口をきき、「ちゃん」付けし、誰よりも椅子に深く腰掛けることで、上司である加藤に、「おまえの言う通りには動かないぞ」と伝える意図があったのかもしれない。

しかし、その雰囲気を一変させたのは、加藤本人であった。

「木村さん！」

そして加藤の怒りを滲ませた大きな声が、もう一度響く。

「言葉づかいを改めなさい」

まるで小学校の先生が生徒を叱るような言い方だ。

「今後は、きちんと役職で呼びなさい」

「呼んでください」ではなく、「呼びなさい」という、木村にとっては屈辱的な表現であった。それでも木村は黙って加藤の顔を見る以外何もできない。にらみ返す加藤のほうが、圧倒的に迫力があったからだ。

「もし、それができないのであれば、ここから出ていってください。この部に居ることは認めません」

表情を変えぬまま、今度は全員を見渡すようにして続ける。

「ここで、はっきりさせておきます。この部の責任者は私であり、皆さんはその部下です」

加藤の右手は握り拳をつくって、机の上にしっかりと置かれて、力がこもっているからであろう、小刻みに震えてもいる。

「気合の入った部長さんですな」

木村なりの反抗であるが、すでに、および腰なのは誰が見ても明らかで、消え入るような細い声だ。

そこに容赦なく加藤が追い打ちをかける。

「木村さんのように、気合が入らない人が他にもいれば、その人も課長を降りていただいて結構です。少し時間を取りますので、課長を辞める決心がついた方は速やかにご退場ください」

木村の顔には悔しさが滲み出ているが、やがてそのまま下を向き、言葉を発しなくなった。

加藤が右手を机の下に戻して続ける。

「とにかく……」

一段と高い、大きな声が響く。

「業績が低迷しているチームのままで終わるわけにはいきません。私が赴任してきたからには、圧倒的な成果を出します。皆さんはそれに一歩たりとも遅れずについていきてください」

文句があるやつは出てこい、そう言わんばかりの険しい表情だ。

加藤は準備していた紙を全員に配り、「これがミーティングの概要です。当日までに整理しておくことが書かれていますので、各自で必ず準備をお願いします」。

再び全員の顔を見渡した。

今日、ここに集められた全員の表情を見てはっきりしたことは、加藤本部長の誕生を喜んでいる人間はいない、ということである。加藤にとっては、極端にいえば全員が敵である。

課長連中は、「東京から来た若造に何ができる」という冷めた目で見ていた。少なくともこの会議が始まるまでは……。

しかし、加藤はたった1時間で、「組織とは何か、上司とは何か、部下とは何か」を改めて全員に徹底した。組織における上下を曖昧にしておくと、うまくいくものもいかなくなる。

その上下関係を修復するなら初日がベスト、古い関係のまま時間が経つと、その分だけ修復が難しくなる。加藤の狙いはそこにあったのだろう。敵ながらあっぱれとしか言いようがない。

「こんな若い人間が、ベテランの我々を差しおいて、部のトップを張れるのか」

皆が持っていた不安や嫉妬は、完全に吹き飛んでしまった。

もっとも、だからといって全員が加藤についていくとは限らない。ただ、上司は誰か、部下は誰か、その指揮命令系統だけははっきりした。


私はこのお話を加藤さんから直接お聞きしました。

誰もが同じような態度を貫くのは難しいかもしれません。

ただし、このような「非情」で「冷徹」な言動を見せることで、崩れかけている(あるいは形成されていない)集団を、組織に進化させることが必要なときもあるのだと理解しました。

2-2 自分の強さは、自分で引き出す

組織が強くなるために必要なのは、個々人の成長とそのための育成活動です。ここでは、あなた自身を（あなたの力で）どう育てるかを考えていきます。自分を育てるために重要なのが、「出来事の振り返り」です。

私は38歳の年の年末に、雑誌「プレジデント」で『3年日記をつけよう』という特集記事を読んだときから、日記をつけることを習慣としてきました。日記には、その日の出来事を振り返る効果があり、後日に再度読み返すことで反省する（読み返すことでしか得ることのできない気づきを得る）ことができます。「3年日記」の場合は、1年経過すると（同じページに書いた）1年前の出来事とそこで抱いた感情を同時に目にすることになります。結果、過去を強制的に振り返ることが可能になる「優れもの」です。

また、1年経過せずとも、時々ざっと読み返したりすることで、知識の増加とともに反省が進み、そこから「次はこうしてみよう」という作戦を練ること

もできるようになります。

例えば、3カ月前の日記を読んで、そのときの悩みが書かれていて、今はそれの結果が出ている場合、「今回はあのアクションが功を奏したのかも」とか「あのときの行動が軽はずみだったかな」というように、うまくいった結果、あるいは失敗してしまった結果と、その原因を結びつけ、気づきを深めることができます。

私自身が、日記をつけ出して感じたことの一つに、我々人間は、過去の出来事とそのときの感情を、いかに覚えていないか、つまり「忘れている」ということがあります。

過去の経験にこそ、学ぶヒントがたくさん隠れているはずですが、振り返る機会を強制的につくらなければ、ほとんどの場合はその出来事を素通りしてしまっているのです。

つまり、経験値を活かせていないということがわかりました。

赤裸々な感情を書き留めることで、この日記の効用はさらに大きくなります。

単純に出来事をメモするのではなく、そのときの感情までを遠慮せずに書くのがポイントになるのです。

出世すると会う人が変わってきます。これまでに出会ったことのないようなとんでもない人種に振り回されたり、傷つけられたりすることが増えていくのですが、そのような状況での怒り、憎しみ、悲しみも赤裸々に、登場人物がいる場合は、その人の名前も具体名で書いていきます。

まずは自分本位で、「自分は1ミリも悪くない」という前提で、書きたいことを記すのです。

他者に関しての文句は、実際に発言したり、何かに書いたものが出回ったりすると誹謗中傷になる可能性もあり、そうなると周囲からの信頼は落ちますが、自分しか読まない日記ですので、何を書いても何の問題にもなりません。

むしろ「何を書いても良い」ということが極めて重要なのです。包み隠さずに書くことによって、後日新たな発見をすることができるようになります。

私の場合は、翌日に読み返すことだけでも気づきがありました。「こういう言い方をすれば前進するかもしれない」「彼にも悪気はなくて、こんな気持ちがあったのかもしれない」といった気づきです。

リーダーになるためには、このように、熱くなった感情や、「やるべきことをできなかった」という反省などを一度外に吐き出し、自分の気持ちを冷静に把握し、どうなることがベストなのか、そのために何をするのか、自分とそれを取り巻く状況を客観視した上で「考えること」が必要になります。

自分の感情を、自分の中から一旦取り出し俯瞰することで、さまざまな視点から、冷静に考えることができるようになるのです。

「赤裸々な感情を書くこと」の有効性は、認知心理学者として著名な海保博之先生の著書『仕事日記をつけよう』(WAVE出版)の中でも、以下のように説明されています。

「人間には、他の人には見せたくない部分がたくさんあります。隠しておきたいコンプレックス、誰かの憎しみや嫉妬、爆発させたら人間関係が破たんするほどの激しい怒り、恋愛感情など。その『隠したい』ことこそが、仕事のしかたや目標達成に大きく影響しています。それだけに、それをありのままに書き、

本当の意味での内省をしていくのが効果的です」

私自身もコーチングの中では、クライアントにこの「赤裸々に語ること」を勧めています。

それは、不平や不満、怒り、反省、情けない気持ちなどのマイナスの感情に蓋をして、「ここを改善します」と優等生のように宣言しても、その宣言通りに動くことはないからです。

むしろ、ここで海保先生が示されている通り、まずは怒りも悲しみも喜びも愛情も、すべて吐き出す（日記の場合は書き出す）ことを意識すれば、その後に冷静に状況を考えることができるようになります。

自分を育てられるかは、過去の出来事からどれだけ反省できるかにかかっているともいえるのです。

自分自身を「非情」で「冷徹」な、それでいてやわらかい対応もできる賢く強いリーダーに育てるためには、こういったトレーニングも必要だといえます。

2-3 有能なリーダーは、評価制度にこだわらない

私は人事コンサルタントという立場から、評価制度やそれに伴う報酬制度の見直しのお手伝いをしています。

終身雇用、年功序列を長く維持してきた多くの日本企業は、評価に差をつけることをできるだけ避けてきました。10年、20年と経過すれば「係長になれない人」「課長に早くなれる人」などが生まれてきますが、それでもできるだけ差がつく時期を遅くすることで、平等を保ってきたのです。

しかし、差をつける評価や報酬にすることで、より高い成果を求めないと競争に勝てない、あるいは年功だけで報酬を高くしていくと、人件費が経営を圧迫するという問題に直面してからは、短期的にも評価に差がつく仕組みを導入する組織が多くなってきています。

私たち人事コンサルタントは、できるだけ納得のいく評価ルール、報酬ルールをつくることを支援しますが、制度やルールだけ変えれば組織の成果志向が高まるわけではありません。やはり「評価を行う人(評価者)」、つまり管理職や

リーダーの理解が不可欠になってくるのです。

「こんな曖昧なルールで、どうやって評価するのか」
「もっと明確な評価基準を示してもらわないと、フィードバックで部下を納得させることはできません」

新しい評価制度を導入したときに、このようなクレームを発する評価者は、どこの組織にも一定数存在するものです。また、ここまで露骨でないにしても、同様の不満を持つ人は少なくありません。

一方で、新しい評価制度に対しても、泰然と構えているリーダーも存在します。そのような人は成果を出していくことができる、いわゆる有能なリーダーであることが多いといえます。その理由は何でしょうか？

新しい制度は、誰にとってもなじみのあるものではありません。ルールを覚える必要があるのです。しかし、強く、泰然としているリーダーは、次のような考えを持っていることが多いといえます。

「評価制度がどうであろうと、これまでのマネジメントを続けるだけ。当チー

ムは、今期、何を目指すのか、個々人には何をやってもらうのか、どんな成果を期待するのか、そのために何を克服していかなければいけないのか、これはもう評価制度がどうなろうと変わらない。私は自分のマネジメントを、今回の新しい評価ルールに乗せて行えば良いだけの話で、何も変わることはない」

目標設定にしても、成果の評価にしても、有能なリーダーの中には具体的な基準が存在するものです。

一方で、新しい評価制度ができて初めて、チームの目標や個々人の目標を考え始めるリーダーもいます。

そのような人の中には、評価ルールや報酬ルールの精緻さが、部下メンバーの納得感を左右すると考えてしまっている人もいて、冒頭のようなクレームが出るようです。

部下（評価を受ける側）の評価に対する納得感は、実は、評価者が説明する評価結果の根拠に大きく左右されるのを、このようなリーダーは理解していないことが多いといえます。

部下を評価で納得させることができなければ、チームの成果は当然ながら向上していきません。

甘く評価すれば部下からのクレームは少なくなりますが、新しい評価ルールではそれも簡単にはできなくなるとなったら、部下を「たとえ評価が低くても、次は頑張る、この能力を伸ばすぞ」という気持ちにさせることが重要になります。新しいルールがそれを肩代わりしてくれることはありません。

どのような組織でも、評価の仕組み、等級の定義、能力評価項目の根本は、そう大きくは変わりません。新しいルールが、自動的に成果を高くしたり、人材育成を促進したりすることはないのです。肝心なのは、評価を運用するリーダーの「成果や人材に対する思い」なのだといえます。

リーダーは用意された評価制度をうまく活用して、部下メンバーとの信頼を深めることを目指していかなければなりません。そのプロセスにおいては、「非情だ」と思われることもあるかもしれません。それを避けたくて「私は今回の新しい人事制度は不備が大きいと思っている」と部下に言い訳したところで、部下の納得感は1ミリも向上しないことを肝に銘じておきましょう。

第3章

お作法——3

「過去の仲間」とは決別する

3-1 「部下に好かれる」という楽な生き方を選ばない

Q「上司として部下に好かれたい」。あなたの気持ちを一つ選んでください。
A「①大いにあてはまる」「②あてはまる」「③あてはまらない」「④まったくあてはまらない」

もし、このような調査をして、現代の管理職と30年前の管理職を比べたら、今のほうが確実に①②の比率が高くなることでしょう。実際に調査したわけではないので比較はできませんが、私の感覚では、かなりの差が出ると考えています。コーチングを通して、管理職（リーダークラス）に本音を聞く機会が多いので、そこから想像ができるのです。

一見「部下に好かれる上司のもとではチームワークが高くなる」という仮説は成り立ちそうですが、それだけでは、チームの成果にはつながりません。「好かれたい。しかしそれが目的ではない、仕事はしっかりやってもらう」というスタンスなら良いですが、逆のパターンで「仕事はしっかりやってもらいたいが、無理やりさせると嫌われるし、パワハラも恐いので、今のままで良いとするか」になると、期待される役割を果たせなくなるので、注意が必要です。

私が担当する金沢工業大学大学院での講義で、「Diversityを進めるのはリーダーの仕事である」という話をするとき、よく出る質問に「厳格な上司のもとでは、全員の主体性は奪われ、そもそもDiversity は進まないと思うのですが、どうなんですか?」とか「多様性を維持するといった観点でいえば、多少チームワークを乱すメンバーがいても、それも個性として認めていくほうが良いのではないでしょうか?」というものがあります。

もちろん部下を駒のように使っていては、仮に短期的に成果は上がっても長続きしませんが、かといって「メンバーの好きなように何でもやらせる」のがDiversityではありません。

肝に銘じていただきたいのは、「老いも若きも、男性も女性も、プロパーもキャリアも、みんな仲良く」を目指すのが、Diversityのあるべき姿ではない、ということです。むしろ異なる価値観をぶつけ合える状態をつくる、さらには意見をぶつけ合うことに耐えうる人材に育てる、これがDiversityの本来の姿になります。異なる意見が新たな価値を生む、これを理解せずに、いろいろな人が集まって「みんな仲良し」の状態を維持して、そこに満足しているだけでは前進はありません。

「隣は何をする人か知らなくて良い」「少なからず迷惑をかけている人がいるがDiversityを維持するためには、我慢しなければならない」という誤解はいち早く修正しなければなりません。

タイトルにもある「部下に好かれる」という気持ちが強く出ると、上記のような「多様な人材が集まっただけの状態」になる可能性があります。

上司として、メンバーの言動に違和感があれば「それは良くないから改めてください」と伝えなければなりませんし、メンバー同士でも、例えば「そのプランでは無駄が多い、別の方法を考えたほうが良いと思う」というような前向きな意見交換ができることが重要なのです。そして他者からの「鋭い指摘」には、前向きに受け取る、かつ根に持たない、そのようなマインドを醸成させるのがリーダーの重要な役割となります。

「部下に嫌われるべし」というつもりはありませんが、嫌われても前進させるべきこと、徹底させるべきことがある場合は、迷わずそうすべきなのです。

ある会社では、「Seek Feedback」を行動指針に出しています。

これには、いろいろな意味がありますが、他者からのフィードバックをむしろ自分から求めることで、自分のアイディアも洗練されますし、チーム全体としても健全な意見が言いやすい雰囲気が形成されるということでしょう。そして、その行為がやがて真のDiversityにつながるといった狙いだと思います。

チームメンバーに嫌われないことを最優先で動くのは実は簡単で、精神的にも楽でしょう。「メンバーからの提案をすべて認める」「こちらからは、できるだけ関与しない」、こういった態度を継続すれば、実現できるからです。

しかし、このような誤ったDiversityを推進していくだけでは、チームの総合力は衰退を続けるだけになるでしょう。

仲間との「仲良し」意識を捨てる。

あなたが出世していくためには、こういった考え方が必要なのです。

Column

「心理的安全性の確保」は、人を育てない

ビジネスパーソンにとって、心理的安全性の確保は重要である。

しかし、誤解してはいけないのは、メンバーに「何をやっても許される」「指示されたことをやらなくても許される」ということを示すものではないということだ。そのようなマネジメントは、「心理的安全性の確保」ではない。


「すみません、期日までに指示されていた仕事は終わりませんでした」

「他に急ぎの仕事があったようだな、終わらなければしょうがない、別の方法を考えよう」


こういった、ものわかりの良い上司のもとでは、当然ながら部下の心理的安全性は高くなる。しかし、このような緩い職場（部下にとっては快適な職場）で、「成長できるのか」というと難しいといわざるを得ない。

「ミスしても怒られることはない」とか、「納期に間に合わなくても責められない」といった環境では、能力の伸びには限界があるからである。

「与えられる仕事に対し、十分な材料と時間があり、進め方も見えている」という状態で、自分の能力を自力で引き上げるのは困難であろう。

「厳しい条件だが、何とか期日までにここまで仕上げよう」という工夫や努力こそが、その人の能力開発につながる。つまり、「無理をさせない」ことだけの心理的安全性の確保では、人材育成はまったく進まないのである。

心理的安全性を確保するということは、

「そんなことも知らないのか」と指摘される

「そんな簡単なこともできないのか」とバカにされる

「(前向きな提案に対して)オレの仕事を邪魔したいのか」と文句を言われる

このような不安が一切ない、ということである。

さらに、「(改善案に対して)そもそもやりたくないのか」と誤解される不安もない状態をつくることでもある。

ただ、こういった心理的安全性を確保するための前提としては、メンバーをその仕事にコミットさせる(前のめりにさせる、積極的に関与させる)工夫が必要で、ここにこそリーダーの役割がある。

「そんなことも知らないのか」という相手をバカにした指摘はNGだとしても、「この仕事を経験して1年経過するから、このことは覚えておいてほしかった。次回に向けて頑張りましょう」とか、「このスキルは現時点で身につけておくべきだと思います。しっかり改善を目指しましょう」というように、上司から話をして、部下メンバーに問題意識の共有をすることは不可欠である。

リーダーのこのような言動で、メンバーの本気度は醸成されていく。部下メンバーを成長させるためには、まずは仕事にコミットさせることが必要だ。

快適な職場をつくるだけで、人が自動的に育つわけではない。

「少し難しい仕事だが、失敗は許されない」というプレッシャーと、それを乗り越えたときに称賛される（上司を含むチーム間での）コミュニケーションの両方がある中に、さらにプラスして心理的安全性を確保することで、つまり、前記のような不安がない状態をつくることによって、そのとき初めて人材育成が進むのである。

心理的安全性の確保には、実はリーダーの相当な工夫が必要になる。

3-2 「それはそれ、これはこれ」で切り替える

日本人は、目上の人への礼儀を重んじるという傾向があります。例えば、今でこそかなり薄まってきましたが、学校生活においては学年の差が何事においても大きかった思い出もあるでしょう。

高校1年生のときに3年生に向かって物申すことなどできなかったにちがいありません。そんな時代が長くありました。会社に入ってビジネスパーソンになっても、大企業であれば特に、入社年次の差は、かなり尾を引いたことかと思います。これは、学校生活で経験した学年差の名残かもしれません。

「新入社員のときにお世話になった先輩が、部下になり、さらに役職定年となって給料が下がり、やる気を失っています。しかしながら、強く指摘することもできず、困っています」

このような管理職やリーダーの悩みが近年かなり増えてきていますが、背景には「目上の人は敬うべき」という日本人の価値観が存在するようです。

出世する人は、このような状況でも「それはそれ、これはこれ」という切り替えができるといえます。つまり、「過去の仲間」意識との決別です。

「確かに新人のときはお世話になりました、でも、それはそれ、これはこれです。チームの一員である以上、しっかり成果は出していただきたいと思っています」

できるリーダーは、このように話し、毅然とした対応をしています。

当然ながら、当の先輩からは「恩知らずだ」とか「俺たちがどれだけ貢献してきたか知らないのか」などの陰口をたたかれることになりますが、「言わせておけば良い」というスタンスで居ることができるのです。

役職定年や、再雇用で報酬が下がった人は、「その分、仕事の質を下げるのは当然である」という気持ちがどうしても大きくなります。

「少しゆっくりさせてほしい。昨年までとは給料は比較できないくらい下がったのだから」というのが彼ら彼女らの言い分でしょう。わからなくもないですが、「本来は、少しずつ下がっていくべき報酬が60歳直前までまったく下げられていなかったので、激減したように見えますが、そうとも限りません。むしろ定年まで、本来よりも多い給料をもらえていた」という見方もできるでしょう。もっとも、これを正面から伝えても、当の本人にしてみれば、納得はいかないでしょうが……。

さて、報酬が下がり、責任も軽くなった人たちのモチベーションをどうやって上げるかは大変難しい問題です。毅然とした態度で接することは大前提として必要でしょう。また、第1章で紹介した「刀を抜く覚悟がある」という姿勢を見せることも有効です。

一方で、その人がこのような強制力によってではなく、前向きに変わってくれる可能性が少しでもあるとしたら、そこへのアプローチも是非トライしていきましょう。

最近の管理職向けの研修やワークショップでは、この手の対応についての成功例を共有してもらうことがよくあります。そこで紹介する「前向きになってもらえました」という、数少ない成功例に共通するのは、極めて使い古された言葉かもしれませんが、「期待感を示す」というものです。それも単に「期待しています」と話をするのではなく、「あなたが以前、最も輝いていた、あのときの姿を後輩に見せていただくことを期待しています」といった、具体的でかつ自尊心を啓発するような思いを伝えることが効果的なようです。「あの頃の勇姿をもう一度見せて、後に続く後輩に何らかのメッセージを残しませんか」といった言い回しは、人間が本来持っている「何か有益なことをしたい」という気持ちに火をつける可能性があるのです。

「刀を抜く覚悟がある」といった強い態度と、「チームのために何かを残してほしい」という期待。年上の部下にうまく対応するためには、これらのバランスを取りながら（押したり引いたりしながら）コミュニケーションしていくことが有効になります（ほとんどの場合、そのコミュニケーションを放棄しているようで、そこにこの問題の根の深さが見えます）。

「こうすれば、絶対にやる気を出してくれる」というような魔法の杖はありません。

対象となる人と自分との関係の中で、対話を重ね、試行錯誤を繰り返し、ちょうど良い関係を築くことを考えていきましょう。

Column

自分が「できないこと」を平気でやらせられるか

これは、私自身の経験をもとに作成した、経営トップに必要な考え方を学ぶための実例である。

年始早々、CEOに呼び出された。

「今年は月に1回、大阪の本部長のところに行って話を聞いてきてくれ」

唐突な指示だった。背景がまったくわからない。それでも、「わかりました」と、そう回答するしかない。「なぜですか？」「どんな話を聞いてくれば良いですか？」と尋ねようものなら、「それは自分で考えろ」と怒られるのがわかり切っているからである。徐々に探りを入れていくしかないのだ。

「人事の責任者と直に話をすれば、いろいろな課題も整理できるだろう」

私自身が、人事部の責任者として対峙することが大事で、具体的なテーマはなくても良いということのようだ。

「なるほど」。とはいえ手ぶらで行って、「何かありますか？」という態度では、大阪の本部長にも迷惑がかかる。忙しい中、このための時間を割いてくれるとしたら、何かの価値を出さないことには……。当然ながら、CEOから大阪の本部長への事前の根回しはない。趣旨説明も「自分でやれ」ということだった。確かに、大阪地区の人材マネジメントは必ずしもうまくいっていない。この数年で人数も増えたので、当社の役員である本部長一人で全体をマネジメントすることが難しくなっているようだ。

「東京には、側に他の役員もいて相談もできるが、大阪は一人だからな」

CEOとして、大阪の本部長のケアをする必要性を感じていらしたのだろう。その問題解決に、自分を頼りにされたことは素直にうれしかった。

「人に話すことで問題の半分以上は解決することがあるって、前に言ってたよな。それを実践してきてほしい」

「はい」。返事をしたものの、この言葉を消化するのには少し時間がかかった。というのも、もともとCEOは抽象的な施策を嫌う人で、何を導入するにしても「目的」「プロセス」「期待される効果」を明確にしなければ首を縦に振らなかったからである。加えて、「コミュニケーション」とか「モチベーション」などの言葉はあまり好まない、いわゆるソフトアプローチの問題解決には賛同しない人であった。考え方が180度変わったのか？　それを言葉に出すわけにはいかず、これが経営者の思考なのかとも思った。人を使って成果を出す人は、過去に認めてこなかったことであっても、「それは過去の話」として、今必要であればすぐに実践する、という傾向がある。

「以前ご自身が言っていたことと正反対ですよね」などの意見が、仮にあっても、まったく気にしない。そして、「自分ができないこと」であっても、「彼ならできる」「彼女は得意」というように、課題と人をうまく（かつ早く）結びつけることにも長けている。今回の私に対するCEOの指示も、まさにそうであった。いざ、大阪に赴くと、本部長からはいろいろな施策の共有や相談があった。一人で本部をマネジメントする大変さも知ることができた。私は、そこでは解決策を提供することよりも、一緒に現状を紐解いて、俯瞰的に考える、その手助けをすることを心掛けた。CEOが言った通り、一人ではそのような機会はなかなかつくれないと思ったからである。

このときの体験は、私自身が「コーチングコミュニケーション」に興味を持つきっかけとなった。その数年後には、コーチングを仕事にできるまでに成長できたので、「自分ではできないと思ったことを、平気で人（私）にやらせるようにした」、このCEOの勇気には感謝しかない。

3-3 マネジメントの物語②
「私の方針に従えないのであれば出ていけ」

以下は、ある大手企業の女性役員（上田知子さん）のお話です。

私は、これまでに2回の育児休業を取りました。当時は、女性活躍推進という言葉のない時代でしたから、育児休業を取ることも、復職した後に残業を免除してもらうことも大変でした。忙しい職場ですし、繁忙期の深夜残業は当たり前でしたから、「17時に失礼します」と言って帰るのは、本当に忍びない気持ちだったのです。1人目を出産したときは、皆さんにご迷惑をおかけしながらも何とか仕事をこなすことができました。数年後に2人目の出産となったときは、育児休業からの復帰はできても、その後に「残業できません」と言うのは、無理だと思っておりました。そこで、復職して、1カ月ほどお手伝いをし、退職届を出そうと決めていたのです。ところが、復職した初日のことでした。当時の上司であった部長が、メンバーを全員集めて、私の復職を報告したのですが、そのときに想像できなかったメッセージが出されました。

「今日から上田さんが復職されます。当面は、残業はできませんので、皆さんサポートよろしくお願いします」

当然ながら、「またか」「こちらにしわ寄せがくるな」という表情の人もいらっしゃいました。それを察したかどうかはわかりませんが、部長からのメッセージには続きがあったのです。

「これから、上田さんが17時に帰ることで皆さんの仕事が増える可能性があります。しかし、私たちはチームです。全員でサポートしましょう。同じような境遇に皆さんもなるかもしれません、男性にも介護があるかもしれません。誰かが大変なときはチームメンバーで支えましょう。これが私のチームの方針です。文句があるのであれば、上田さんにではなく、私に言ってきてください」。

明らかにメンバーの皆さんの表情が変わりました。

「それから、上田さん、あなたは17時に帰ることに、何の後ろめたさも感じる必要はありません。今はしっかり子育てと仕事を両立させ、それが落ち着いたら、ここでの感謝の思いを仕事で皆さんに返していただければ結構です。以上、私はこの部の責任者として、お互いが助け合うチームにしたいと思っています。皆さん、よろしくお願いします」

私は涙をこらえて部長と皆さんに頭を下げました。今でも思います。もし、この部長のこの言葉がなければ、私は会社に残ることはありませんでした。こうやってインタビューを受けることもなかったことでしょう。

Diversityを推進していく上で、リーダーの役割は重要となります。いかにメンバー間の相互理解を促すか、メンバー間で起きそうな対立を防ぐかに加えて、リーダーとしての強い決定や覚悟を示すことも忘れてはならないのです。リーダーの明確な方針がないと、チームから不平不満が湧いてきます。この部長のような「覚悟を持った決定」を示すことで、それを防がなければなりません。もちろん、これですべてがうまく回るわけではないでしょう。しかし、リーダーの覚悟がなければ何も始まりません。これは、Diversityの成果を確実に出すために、実践しなければならないことなのです。

初めに申し上げた「過去の仲間とは決別する」というのは、口をきかないとか、縁を切るといった意味ではありません。過去の仲間との関係性を、組織から引き受けた役割に基づき、アップデートすることと理解しておきましょう。

第 4 章

お作法 4

上司の「息づかい」から学ぶ

4-1 上司の「No」からしか学べないこと

「あなたの上司の今期の目標は何ですか？」

例えば「目標による管理」を丁寧に実践しているチームであれば、この質問に即答できる人が、それなりにいらっしゃると思います。

では、「あなたの上司が感じているプレッシャーは何だかわかりますか？」

この質問ではいかがでしょうか？

即答できる人は少ないのではないでしょうか。

上司側が「私は今これをプレッシャーに感じています」と教えてくれれば話は別ですが、そのような人は多くはありません。部下に弱みを見せることにもなりかねないからです。

ジョン・P・コッターの『リーダーシップ論』（ダイヤモンド社）の中に、「上司をマネジメントするために必要なこと」が記されています。その中に「上司の置かれた状況を理解せよ」という提言があり、その「理解すべき状況」の一つが、

「上司が感じているプレッシャーである」とあります。

つまり、「あなたがチームでうまくやっていくためには、上司が感じているプレッシャーを理解すべき」ということです。

例えば営業チームであれば、チームの売上目標の総額が達成できるか否か、これがプレッシャーだ、と想像がつきます。そして間違いではないはずです。営業チームで売上目標がプレッシャーではないという人がいたら、よほど会社の管理体制がまずいか、本人が開きなおっているかしか理由がありません。

ただし、プレッシャーとは、そのような目に見えるものだけではありません。自分の上司が、さらにその上の上司に、どのような行動改善や意識改革を求められているか、そのリアリティーまで踏み込めるか、です。

上司が感じているプレッシャーを具体的に理解する良い方法として、部下側からチーム成果向上のための「新しい提案をしてみる」ということがあります。

提案した内容が却下されるときは、それなりの理由が示されますから、そこから上司の置かれている状況をリアルに理解できる可能性が高まるでしょう。

ただし、このような提案をしても、悲しいかな、「言っていることとやっていることが違う」とわかっただけだった、というケースもあります。

実際に、以前、私がコーチングするクライアントに以下のような不満を漏らす人がいました。

「うちの部長はいつも、革新、変化だ、新しい提案をどんどん持ってこい、と言いながら、すべての案件でリスクをまったく取ろうとしません。あの掛け声は、役員向けのアピールであって、本当は革新なんてまったく考えていない人なのです」

この部長が本当に二枚舌を使っているかどうかは、その部長に聞いてみないとわかりません。だからこそ、上司の感じているプレッシャーから想像することが有効になります。つまり、この現実を理解して、それでもどうやって前に進めるかを考える、下の人間にとっては、それが大切になります。

単純に「新しいことにチャレンジして失敗したくない」という上司も一定数は存在するでしょう。

その場合、一つ上の上司に（頭を飛び越して）提案する方法もありますが、これをやるタイミングは慎重になる必要があります。完全にその上の上司からの信頼を勝ち取っていない段階で実践すると、普通に考えれば「組織活動のルールを守れない異端児」とマイナスの評価をされてしまいます。

したがって、もし直上の上司が単なる「事なかれ主義者」の場合は、まずはその人の不安を取り除く情報を提供する、その目的のためのコミュニケーションをとることから始めます。

自分の首をかけてまで、会社のためになる施策を推し進める人はまずいないと思っておいたほうが良いでしょう。「結局保身だよね」とか「部分最適の典型だ」とがっかりすることのほうが多くある、これが現実です。

ただ、それを感じること、早めに学習しておくことは後々重要になります。正論だけでは組織は動かないことを知り、その上で何ができるか、どう進めるのが効果的かを考えていく、正論はしばらく横に置いておく、といった柔軟さも重要です。「上に迎合し続けろ」とか「組織の言いなりが出世の近道」という意味ではありません。正論が通じない世界があることを知り、時間をかけてそれを消化することが必要なのです。「濁」の世界への免疫力を早めに高めておくことをお勧めします。

4-2 忘れられないトップの一言「強引さ、それも能力」

以下は私自身の体験談です。

忘れられない言葉があります。当時の私が所属する会社のトップと、私の同僚と3名で食事をしていたときのトップの言葉です。普段は直接話す機会はあまりないのですが、問題が問題だけに、時間をつくってもらったときのことでした。

当時、私が所属するチームは、サービスの拡充とそれに伴い人員の拡大を図っているときでした。私と同僚は、長くこの組織を支えてきた仲間でしたが、この大きな環境変化（どんどん新しい人が入ってくる状況）に、少なからず違和感を覚えていました。しかも、その採用活動を推進している人もまた、数カ月前に他社から転職してきた人で、いきなり「採用責任者」となり、全権限を得て活動し始めたので、そこに対しても納得できていませんでした。

そこで今のこの状況について、我々が抱えている不満や不安を、古くからこの組織を守ってきた人間の代表として、直属の上司（チームの責任者）を飛ばして、トップに直接「問題提起をしよう」ということになりました。

私の同僚がトップに直接告げる不満は、すべて私も同感です。

「人員の拡大はわかりますが、その方法があまりに強引すぎると思うのです」

コンサルティング業界は、人を育てる一方で、経験者を他社から引き抜くことで、組織の総合力を高めていくことができます。しかし、この経験者採用は簡単ではありません。報酬が（今の会社よりも）魅力的であり、自分が十分に活躍できるチャンスが見えないと、コンサルタントといえども、簡単に転職の決定はしないからです。

我々は、その新しく入ってきて採用責任者となった、その人のやり方に嫌悪感を隠し切れませんでした。

「あれだけ採用活動の業務に集中して、高い報酬やオプションをつけて勧誘すれば人は増えますよ。使える人材か否かを吟味しないで、どんどんオファーを

出していけば、人数は集まります。でも本当にこのような強引なやり方で良いのでしょうか？」

せっかく採用した人材に、活躍の場所を与えられない、あるいは活躍できない人材だと、大きなロスになってしまうので、採用するか否か（能力があるか否か）の見極めは極めて重要であるが、そこがあまりにもないがしろにされている。数だけ合わせになっている、というのが我々の最大の懸念でした。

「先日も面接官として参加した私が、『採用すべきではないと思います』と評価コメントを送ったのですが、最終的には採用責任者自身が独断で採用を決めました。頭数だけ増やせば良いというものではないと思うのです。すでに採用してもほとんど戦力にならない人もいます」

我々は、この採用責任者の強引な進め方に納得がいかないことを繰り返し訴えていきました。おまけに、ＫＰＩである採用人数を達成したという理由で、採用責任者として高い評価を受けていることにも納得がいっていなかったのだと思います。トップは黙って最後まで我々の話を聴いてくれました。理解してくれたこと、何かの対策を講じてくれることを期待しました。

しかし……、トップから出たのは予期しない言葉だったのです。


「人員拡大を指示したのは他ならぬ私だ。このチャンスを逃してはいけないので、かなり強く指示した。その上で、誰をどのように採用するかは、あなた方の上司であるチームのヘッドと、その採用責任者に任せているので、ここでは良いとも悪いともコメントできない。ただ、お二人の言う、採用責任者の強引さとか、調整の少なさ、メンバーへの配慮のなさに関しては、それも能力、業務をスピーディーに進めていく上での重要なリーダーの能力だと評価している」


この、「強引さ、それも能力」という言葉は、私の耳から離れません。

チーム運営においては、メンバーのモチベーションを高めることがすべてだと、頭のどこかで結論づけていましたが、そんな話は通用しない状況もある、このとき初めて理解しました。

この採用責任者は、我々メンバーから慕われているわけでもなく、尊敬もされていなかったのですが、事実としてトップの期待には応えていたのです。

4-3

マネジメントの物語③「役員たちのおぞましい出世欲」

以下は、ある大手企業の本部長へのインタビューをもとにしたお話です。

当時の私には勢いがあった。

大学新卒で入社し、30年間、得意の営業を中心に実績を積み重ね、本部全体を任せてもらえる地位までできた。入社当初は、まさか自分がこの大企業でここまで出世できるとは思わなかった。ただ、これで終わりではない。役員、そしてトップになってさらに大きな実績を出して、この会社に恩返しをする、それが50代になって決めた、私の密かな目標であった。

私には、諸先輩方にはない発想と行動力で、高い成果を出す自信がある。ここまできたら入社年次とか年齢など関係ない、遠慮は禁物だ。そして私の行動力を示すもの、それが、今回の「海外のライバル会社買収によるビジネスの拡大」である。

その案件は順調に進んでいた。

その会社は、ヨーロッパという当社にとっては未開の市場での実績がある。近年は売上も下降気味ではあるが、地の利はまだまだある。むしろ宝の持ち腐れになっているところを我々がテコ入れすれば、飛躍的回復の可能性は広がる。彼らにとっても悪い話ではないはずである。早期に、この会社を買収できれば、我々のビジネスとのシナジー効果は計り知れない。もちろんリスクもあるので慎重には動く。これだけ大きな投資案件であれば、会長、社長以下、役員の全員の賛成が必要になる。

買収に強いコンサルティング会社の、信頼できる担当者を指名して、うまくことが動き出した。担当役員には、派手さはないが、トップからの信頼の厚い大村さんに就いていただいた。

私自身が細かい準備は行うが、社内での重要なプレゼンは大村さんにお願いしている。大村さんはM＆Aに精通しているわけではないが、社内に敵は少なく、確実に仕事を進められる人として、他の役員への影響力もある。協力をお願いして大変良かったと思っている。

また、この買収案件は、コンサルティング会社の担当者が、個別に役員と面談して情報を取り、それも買収を進めるか否かの判断材料にしていくことになっていた。社長としても、役員全員の本音を知り、本当に一枚岩になって進めたいという思いがあったようだ。

「今のところ、経営会議では大きな反対は出ていませんね」

担当者の言葉を聞いて安心した。あとは個別のヒアリングで、このディールに反対意見が出た場合に備えれば良いことになる。

しかし、いよいよという段階に入ってきてから、雲行きが怪しくなり始めた。ことはそう簡単ではなかった。個別の役員との面談で出た情報がネックとなっていて、なかなか最後の結論が出ない、ということだった。

誰がどのような理由で反対しているのか、それが経営会議でどのように議論されているのかまでは、私には知る術もなかったので、そこに苛立ちを覚えた。

この大きな買収案件が成立すると当社の大きな発展につながる、そのことは間違いない、そう確信していた私には、信じられないことであったが、最終的には経営会議での「買収見送り」が決定された。

何とも不本意である。解せない、何があったのだろうか。「総合的な判断」としかその理由は知らされない。このまま納得しろというのは無理な話だ。

私は、本来は入手することのできない情報を、コンサルティング会社の担当者に無理を言って教えてもらった。絶対に口外しない約束で、「なぜ見送りになったのか、その理由を知りたい」と。

担当者いわく、一人だけ、強硬に買収に反対する人がいたということであった。その人の名前を聞いて驚いた。自分を最もかわいがってくれた人で、上司としての期間も長い、いわば最大の応援者、その人であったからだ。何の意図で反対したのか、確かめることができるはずはなく、不満だけが募った。

しかし、真相究明のチャンスはすぐに巡ってきた。数時間経ってその「最後まで反対して握りつぶした張本人」が、私のところに来たのだ。

「今回の件は残念だったな」

私は「反対した理由を教えてください」という言葉を呑み込んだ。

「はい、何かが足りなかったのでしょうね」と知らないふりをするしかない。

ただ、その後の言葉に耳を疑う。

「最初に俺のところに相談しに来ていたら、もっとうまく進めることができたと思う。初動のミスだな」

言葉を失った。この人は、会社のために買収の是非を判断したわけではなく、大村さんに（あるいは自分に）手柄を取られたくなくて反対したのか。

愕然とした。同時に、役員であろうが、「人間の欲求なんてそんなものかもしれない」とも感じた。組織とは「感情を持つ人間という生き物の集まり」で、機械のように設計通りに動くことはない。改めてその意味を理解した。

大きな代償を払っての学びにもなった。

この章で紹介した事例のなかには、本を読むことでは得ることがなかなかできないリーダー行動がいくつか示されています。

もっとも「出世のためにすべての行動を真似すべき」という意図で紹介したわけではありません。しかし、何かの参考にはしていただきたいと思います。

出世していけばいくほど、これまでに会ったことのないような人（別世界から来たのかと感じる人）も出現します。そこに怯むことなく対峙すること、時には巧みな根回しや、先手を打ってねじ伏せることも、必要になります。

「濁」のリーダーは存在します。ケースによっては、その「濁」に対して、「濁」で対抗することも必要になるのです。

第5章

お作法 5

実務を離れて身につく「専門性」を知る

5-1 一歩離れる勇気を持つ

私が仕事の中でお会いする経営トップは、会社組織であれば「社長」という肩書を持つ人がほとんどです。

ただし、同じ社長でも、背負っているものは異なります。数千人、数万人の従業員を背負っている社長もいれば、数百人、数十人の会社の社長もいらっしゃいます。普通に考えれば、規模が大きな会社の社長は、規模の小さな会社の社長よりも、プレッシャーは大きく、その分の修羅場経験も豊富で、多くの候補者を押しのけて選ばれた逸材でしょう。

しかしながら、一つだけ言えることがあります。それはどんな小さな会社であっても、やっぱり社長は社長だということです。

発言の内容、その背景にある思考力（考える力）、説得力が、他の役員や部長クラスの方々とは一味も二味も違う。これは規模の大小は関係なく、「やっぱり社長だ」と感じることが多いといえます。

以前、ある経営者に話をお聞きしたことがあります。その人は副社長から社長になったばかりでしたが、「社長と副社長の差は、副社長と新入社員の差より確実に大きい」とおっしゃっていました。

なぜならば、社長は誰かに指示を受けて仕事をするのではなく、自分でとことんまで考えて、考え抜いて、そして決めなければならない、その覚悟が求められる。プレッシャーは副社長時代のそれとは比較にならない、ということでした。最後の砦である自分の判断を間違うわけにはいかないといった状況の中で、否が応でも「考える力」を磨き、責任ある意思決定をやっていく、それが組織のトップの宿命なのだと理解しました。

リーダーは何を考えるべきか?

では、リーダーはなぜ「考える」のか、何を「考える」のか、について少し掘り下げていきたいと思います。

リーダーの重要な仕事は問題解決ですが、問題解決というと、読んで字のごとく解決策があって初めて完遂となります。問題は解決することで平常に戻るからです。

しかし、リーダーが考えるべき問題は、解決策だけでは前進しないもの、あるいは、そもそも解決策が存在しないものであることのほうがむしろ多くあります。その意味では、リーダーが抱えているのは、「問題」という言葉がふさわしくないものなのかもしれません。


私は、経営者クラスのリーダーへのコーチングを行っている際に気づいたことがあります。

それは、経営者クラスが抱えるのは「解決策を求める『問題』」ではなく、「あちらを立てればこちらが立たない、ではどうするか、といった『ジレンマ』」であるということです。

リーダーの多くは、問題よりもジレンマを抱えていることのほうが圧倒的に多いのです。

例えば、ある経営者の方から、こんな相談を受けたことがあります。

「当社の業績は、この部門が今後も牽引していくことになる。そして、この部門の成果を最大にできるリーダーはAさんしかいない。でも、もしAさんを責

任者にしたら、私の昔からの仲間でもある重要な社員が3人は辞めるであろう。Aさんはそれくらい強烈なリーダーシップを発揮する人である。Aさんに任せるか、重要な社員を辞めさせないほうをとるか、そこが悩みだ」

これが経営者クラスのリーダーが抱えるジレンマ（あちらを立てればこちらが立たず）です。

この社長は私に解決策を求めているわけではありません。ですので、ここでは「社長、ここは思い切ってAさんに任せてみませんか」とか、「私の個人的な意見ですが、やはりキーパーソン3人に辞められるのは良くないと思います」というような、軽はずみなアドバイス、無責任なアドバイスをする必要はまったくないのです。できることは「こちらからの質問によって、その社長がそのテーマについて深く考えることを手伝うこと」だけになります。

私は、次のような質問をしました。詰問にならないように、周辺の質問を駆使しながらゆっくりと。

「なぜAさんが、このビジネスを牽引できるのですか？」

「Aさんのどんなところに期待しての抜擢を考えているのですか？」
「辞めるかもしれない3人とは、具体的には誰ですか？」
「なぜ辞めると推測されるのですか？　辞めさせない方法はありますか？　もしくは代わりを務めることができそうな人は本当にいませんか？　強いてあげるとするなら誰ですか？」

これらの質問を受けた社長は考えていました。そしてすべての質問に慎重に回答してくれました。

質問を受けそれに回答するプロセスで、このテーマをご自身の経験と照らし合わせながら、より深く考えることができたようです。じっくり話すこと2時間、社長は最後まで「答えが見つかった」という言い方はしません。それでも「覚悟が決まった、ありがとう」といった言葉はいただきました。

この事例が示すことは、「リーダーとして考えるということは、安易に正解を求めない」、つまり「何か良い解決策はないだろうかを求めない」といったこととつながります。

「本当の問題は何なのか」「自分は今どうなることを望んでいるか」「何を恐れ

ているのか」など、答えを求めるのではなく、問いを立てることのほうが重要です。その問いによって、より深く考えることを省いてしまっては、納得のいく結論に出合うことはできません。

リーダーとして考えることは、今できる「自問自答」をすべて行った上で、自分なりの結論を導くことともいえます。それができたとき、「覚悟が決まった」という言葉が発せられる可能性が高まります。

実際に、近年では、大手企業のある社長が、将来の社長候補を育てるために、優秀な人材を子会社の社長に就けて、その後はこのようなコーチング的コミュニケーションを定期的にとって、経営者として備えるべき視点や考え方を醸成できるようにしている事例も増えてきました。

「なんでこれをやらないのか」という詰問でもなく、「こうしてみろ」といったアドバイスでもなく、**「何をしたいと思っているのか」「そう考えたきっかけは何か」「それをやることのリスクは何か」「どう対処するのか」「そのときの一番の不安は何か」**という質問によって、経営者として持つべき視点を増やす、視座を高める、その手伝いをすることが有効であるという考え方です。

さて、将来のリーダー候補である皆さんには、是非「考えること」を促進してくれるコーチや上司を見つけ、うまく活用していただきたいと思います。

ただ、常にそのようなディスカッションパートナーがいるわけではないでしょうから、ノートや日記に、自分の考えや気持ちを書いて、時々読み返し、そして自問自答してみることをお勧めします。実務を離れて、こうしたことを繰り返す中で、リーダーとしてのその業務の「専門性」が確実に身についてくるものです。

5-2 大局観はどうやって磨かれるのか

私が以前一緒に仕事をしていた上司の中に、極めて高い理解力を持つ人がいました。その上司の「専門ではない領域」について相談した場合でも、理解が早く、そこからさらに的を射た意見を言うことができる人でした。

「この分野では、経験も知識もあまりないはずなのに、なぜここまで理解が早いのか、そしてなぜそこにアドバイスができるのか、さらになぜ（それなりに）

説得力があるのか」

その方には、こんなことを感じさせるほどのすごみがあったのです。

皆さんの周囲にも、理解が早く、アドバイス等の意見が的確な人はいらっしゃることでしょう。あるいはこれから出会うかもしれません。

このような人は出世します。

では、そのような有能な人は、その他大勢の人と、何が違うのでしょうか。

経験のない領域において、細かい部分まではわからなくとも、重要な点を理解し、有効なアドバイスまでできる人というと、とにかく何でも知っている「物知り」タイプを想像しそうですが、決してそうではありません(もちろん、一定程度以上の知識はあります)。

むしろ有効なアドバイスができる人とは、「本質は何か」を瞬時に理解して、その上で、全体像をしっかり捉えることができる人ではないでしょうか。ここでいう「全体像を捉える」というのは、「詳細まですべてを理解すること」ではなく、本質部分と他の部分とが、どのような関係にあるか、その視点で物事を広く捉えることを意味します。

この章で紹介するのは、出世する人が兼ね備えるべき「全体像を捉える力」で、ここではそれを「大局観」ということにします。わかりやすくいうと、「大きな視点で物事を眺める力」になりますが、これは、ただ視野が広ければ良いというものではありません。むやみやたらに多くの情報を集めて広げてみても、それを効果的に活用できないと意味がないからです。

ここから、大局観と出世の関係を深掘りしていきますが、その前にまず「大局的な視点で物事を進める人」と、（狭い範囲を深く掘り下げるという意味では）やや対照的な位置にある「スペシャリスト」について考えていきます。

ご記憶のある人もいらっしゃると思いますが、この「スペシャリスト」という言葉が脚光を浴びたのは、バブルが崩壊して景気が悪くなった1990年代のことです。不景気に突入した日本では、会社が特定の社員に対して退職を強力に勧奨するといった意味での「リストラ」という言葉が定着し始めました。

そのときに、そのリストラのターゲットの一つとなったのが、管理職、具体的には課長や部長といった肩書を持っている人たちでした。そもそも課長や部長とは、部下指導やチームマネジメントをする極めて重要な仕事をしている人たちですが、ひどい不景気による業績悪化が始まると、「(居ても居なくても)成果には大きな影響はない」と誤解されていた人からリストラの対象になり始めたのです。仕事をしていないわけではなかったのですが、年功序列によって給料が高くなり、「成果と報酬が見合わないのは誰だ?」となったときに、白羽の矢が立ちやすかったというのも背景にはありました。

逆に、このときに「リストラされない人」の代表格となったのが、スペシャリストでした。「彼の専門スキル、彼女の専門知識は、私たちの仕事には不可欠です」といった具合に、目に見える専門性があると、それを持っている人の存在が重要であると認識されやすくなっていました。リストラを回避するには、管理職よりスペシャリストを目指すことが有効なのでは、という認識が増えていきました。「スペシャリストはリストラされない」といった考え方は多くの人の共通理解にもなりました。「やはりこれからは、専門性をつけて自分の身は自分で守ることが大切だ」という考え方です。

この本でテーマにしている「出世」と関連づけていえば、スペシャリストは必ずしも出世を目指すこととはつながりません。出世を縦のキャリア開発とすれば、スペシャリストはむしろ横のキャリア開発になるので、出世とは逆行する部分もあります。人を使って成果を出すというより、自分にしかできない仕事をつくる、それを極めるということが、スペシャリストとしての価値になるからです。そもそも、課長へ、部長へと、管理職としての階段を登っていく人たちの中に、なぜリストラの対象になってしまうほど「存在価値がない人」が出現してしまうのでしょうか。スペシャリストの価値の高さを理解する一方で、そこも考えていきたいと思います。

課長や部長という「非スペシャリスト」は、業績が悪化したときに、本当に人員削減の対象になるべき人なのでしょうか。

組織というのは、人間の集団でできていますので、それを管理する人間が必要になります。組織の構成員が人間、つまり感情を持った生き物である限り、管理する人も「(同じく) 感情を持った生き物である人間」であるほうが効果的です。冷静に考えれば、管理職のような「人をまとめる人」が存在しない組織は組織として機能せず、成果は出せなくなるのです。

ではなぜ「その権限を与えられた管理職」が、「あなたは必要ない」と言われる存在になってしまうのでしょうか。言うまでもなく、上記のバブル崩壊時の事例は、管理職としての役割を発揮できていない人のみが、リストラの対象になったということになります。

したがって、出世を目指したい、目指したくないにかかわらず、管理職になった人たちは、そのことで満足せずに、「自分の役割は何か、それを全うするためには何が必要なのか、今の自分は本当に役割にふさわしい言動ができているのか、結果を出し続けることができているか」を、常に自問自答することが重要になります。そうすることで、存在価値を高めていけば、そう簡単にリストラの対象になることはないでしょう。

専門性を追求すること、つまりスペシャリストになることは間違いだという意味ではありません。リストラを回避するために、徹底した専門性の追求にこだわるのも悪いわけではありません。むしろ一定期間はそのような強い意識で努力することは有効でもあります。しかし、スペシャリストだけでは組織が機能することはありませんし、多くのスペシャリストを幸せにするためにも、真の管理職やリーダーと呼ばれる人が存在する必要があります。

リーダーを目指す人にとっても、ある程度の専門性を身につけることは必要です。出世した人を見ると、「あれも知っている、これもできる」というよりは、何か一つの確固たる専門性を身につけていて、その後はそれをマニアックに追求するのではなく、そこで得た知見や、本質とは何かを理解する能力を武器に、他の領域においても本質を把握することができるようになる、それが重要になります。それがリーダーとして機能している人の特徴です。

専門性は重要です。深めれば深めるほど価値あるものにもなります。ただし、それを組織の中で有効に活用するには、そこからその外の領域との関係性を理解していくことが肝要です。

出世する人は大局観を持っています。問題を解決する際には、自分の専門性だけで勝負することはありません。冒頭に紹介した「自分の専門領域以外についても理解が早く、アドバイスができる人」は、まさに「物事の本質を見ることができる能力を持つ人」「大局観を持っている人」となるのです。

これ以降において、この大局観を鍛える具体的な方法について、さらに学んでいきます。

Column

「穴を深く掘るには幅がいる」

元・経団連会長で東芝の社長であった土光敏夫さんは、「穴を深く掘るには幅がいる」という例えを使って、専門性を深くする（有効なものにする）には、その周辺の知識をどんどん増やしていくことが必要と説いた。

確かに地面に穴を掘る際にも、小さい範囲を深く掘ることは、極めて難しく、広げながら深めていくしかない。専門性を高くすることを意識して、細かい知識やスキルを身につけても、それは自分の満足にしかならないリスクがある。仕事には常にそれを享受する顧客（内部顧客含む）が存在し、そこにどれだけ効果的に「価値」を提供できるかがポイントになるからである。

その専門性をどう活かすか、それには、視野をどんどん広げていくことが有効である。この仕事のそもそもの目的は何か、どんな関与者がいるのか、さらにその後ろには誰がいて、どんな欲求を持っているのか、そこを満足させるためには何が必要なのか。このような形で大局的な視点を持ちながら、今、何をすべきかを考える習慣を持つ。

そして、このような専門性の高い人をマネジメントする際にも、この土光さんの言葉は参考になる。


「私は専門家です。あなたに話しても理解していただけないので、口出しはしないでください」

ここまではっきり言い切る人は少ないにしても、そのような態度を滲ませる「専門性の高い部下」はいるかもしれないし、今後現れるかもしれない。

そのときには対峙するしかない。

「私はこのチームの責任者であり、あなたの評価者です。私もあなたの仕事を理解する努力をしますが、あなたにも『この仕事はなぜ価値があるのか』を私に説明して理解させる責任があります」

人事考課のキーワードの一つに「評価は上司と部下でつくり上げるもの（評価の責任を評価者が一人で背負い込まない）」というものがある。それを専門性の高い部下とも実践していくことになる。

5-3 言うは易し①
「聴き上手になろう」

管理職や経営職に求められる能力として、「コーチング」は今もなお注目されています。

コーチングは、実は奥が深いものなのですが、誰もが身につけられるスキルにするために、その簡単な習得方法がよく紹介されています。

その中でもこの「聴き上手になる」というのは、コーチングスキルを発揮するための最も重要な基本スキルといえます。「聴き上手になる」を実践するための心構えとして、「答えは相手（部下）の中にあることを意識しましょう」といった考え方も大変参考になります。

では、このコーチングスキルの「聴き上手になる」は、自分の意見を言わないことで十分事足りるのでしょうか。「自分の意見を言わない」を意識するだけで、その相手の問題解決を助けることにつながるのでしょうか。そこについて考えていきたいと思います。

そもそも「聴き上手」とは何か。もし、自分の意見を言わず、「なるほど」「そうですか」「大変でしたね」などの同調的対応を繰り返すことで、「それが聴き上手」であるとすれば、これほど獲得が簡単な管理職の専門スキルはありません。

しかしながら、本当の意味での「聴き上手」、管理職やリーダーが目指すべき「聴き上手」はもっと奥が深いものだと感じています。

例えば、私が仕事にしている「コーチング」でも、まずは「聴くこと」が求められます。

相手の意見を否定せず、徹底して耳を傾ければ、相手の満足度は上がります。「こんなに自分の話を聴いていただけてうれしかったです」となるからです。ある意味「コーチングで相手の満足度を高める」のは難しくありません。

否定しない、批判しない、評価しない、受け止める、この鉄則を守っていれば実現できます。

ただ、相手の満足度は高めることができても、その人をもう一つ上のステージに上げることには、必ずしもつながりません。ここで必要なのが、その人が「上司や周囲のメンバーからの期待」や「会社が自分に求めていること」を理解することと、そしてその人にとって「自分ができること」「本当にやりたいこと」を深掘り（潜在意識の顕在化）することです。

聞き手にとって、話し手（相手）のそれを実現させるためには、相当深いところまで「えぐる」質問が不可欠になります。相手が話したいことだけを「聴くに徹する」だけでは、相手の満足度は上がっても、ステージは変わらない可能性が高いからです。

コミュニケーションの序盤から「僕はそうは思わない」とか「それは大げさに受け止め過ぎでは」などの批判や評価は良くありません。

とはいえ、複数回行うコーチング（上司であればOne on One）での、「今の意見は、前々回話してくれた『早めに着手したいこと』と関連していますか？　そう感じました」といった意見や、場合によっては「前回のお話とは、顧客満足という点では少し矛盾を感じるのですが」といった指摘は、相手の思考を揺さぶる意味で極めて有効です。

「確かにそうだ、鋭いところを突かれた、気づかなかった」

このような相手の心の動きがない限り、ステージが上がることはありません。気づきを得た相手は、「(確かに矛盾しているかもしれません、でも)私がお伝えしたかったことは、そこではなく……」というように焦点が明確になる可能性が高まります。

このようなコメントを引き出していければ、コーチングの効果は大きくなります。

話し手が、自分一人では気づくことのできない自分の深層にある感情に気づけるレベルまで、「聴き上手であれるか」。ここがポイントとなります。

「これから面談だ、今日も聴き上手になろう」

これくらいの気構えでは、効果は最小限です。

前回の話は何だったか、前々回は、そして今のこのコメントとどう関連するのか、「聴き上手」になるためには、実は入念な下準備と、その場での相当のエネルギー(集中力)が必要になるのです。

第 6 章

お作法 ⑥

堂々と「高い報酬」を受け取る

6-1 出世すると、なぜ報酬が増えるのか？

出世をすることで得ることができるものの一つに、高い報酬があります。報酬の中で最も大きいものが、給与です。厳密には給与と報酬は同じものではありませんが、ここでは給与の意味で「報酬」という言葉を使います。

皆さんの中に、上司の報酬がいくらかを知っていると言う人はどれくらいいらっしゃるでしょうか。人事の給与担当者なら話は別ですが、まず自分の上司の報酬を細かく知る人は少ないと思います。給与規定や就業規則がオープンになっている会社であれば、それをもとに、おおよその報酬額は推測できるかもしれませんが、役員クラスのそれとなると、知っているのは噂レベルの不確かな情報になるのだと思います。

もし、皆さんが課長未満の社員の場合、例えば上司の「課長クラス」、さらにその上司である「部長クラス」の報酬を目の当たりにすると、「同じ組織で働く人間なのに、ここまで差をつける必要があるのか」「年を取っている、ただそれだけでお金がもらえるのか」など、驚きを通り越して怒りに変わることになるかもしれません。しかし、高い報酬にはそれなりの意味があります。

この章では、偉くなることで増えていく報酬の意味（なぜ報酬が増えるのか）を理解することで、出世とは何かを考えていきたいと思います。私自身は、コンサルティング会社で、「マネジャー」という管理職の仕事に就いて間もない頃、そのときの上司に「あなたの報酬には、我慢料も含まれている。我慢することで支払われる『手当』が入っている」と言われたことがあります。ちょうど、会社組織への不満がたまっていたときでした。具体的には上層部の決定事項に納得がいかず、その中で部下メンバーは身勝手にふるまっても許される、自分はその板挟みで苦労する、「こんな不条理なことはない」と強く感じ、その上司に自分の思いを吐露したときの上司からの言葉でした。ここで初めて、この「我慢料」から「報酬には意味がある」「長く在籍したから給料が上がるとか、役職が高くなったから自然に上がるとか、そんな単純なものだけではないのだ」ということを学びました。もちろん給与規定には「職能給」「資格手当」などと同列で「我慢手当」という項目はありませんでしたが……。

報酬の意味を考える

では、報酬にはどんな意味合いがあるのでしょうか、どんな根拠でその報酬額が決まっていくのでしょうか。

日本の企業の場合は、新入社員のときに一般的には「初任給」という名で、そしてこれも一般的には月に一度、給与として報酬が支払われます。そこから、1年、2年と経験を積んでいくと、少しずつその金額が上がっていきます。これを昇給（全体底上げの際は「ベースアップ」）と言います。

さらに、社員を格付けしている区分が上がると（例えば1等級から2等級に昇格すると）、自動的に、通常の昇給額よりも多く金額が上がることになります。これが「昇格による昇給」です。

つまり、長くその組織に在籍することで、報酬は自然に上がるように見えて、実は「その人の能力が上がったから」あるいは「能力が上がったことにより、組織への貢献期待が大きくなったから」などの理屈がしっかり存在するのです。

一方で、欧米の例を見ると、報酬を構成するものとして、日本と同様に「能力」の要素もあるのですが、日本のそれとは異なり、その比重は半分だけです。しかもその能力は日本のように「人」につくのではなく、「仕事」につきます。「その人はそろそろ能力が向上しているから昇給させよう」というのが日本、「その仕事に必要な能力をすでに持っているから（その仕事につけて）その分の報酬を支払おう」とするのが欧米です。

「外資系企業のほうが実力主義だ」という認識は、皆さんもお持ちだとは思いますが、これは「仕事に報酬額がついていて、その仕事を担う人には、年齢に関係なく、それ（報酬）が支払われる」仕組みによるものと思われます。

さて、出世と報酬に話を戻したいと思います。

例えば係長とかチームリーダー、あるいは課長に昇進したときを想定してください。「あなたの新しい役割（役職）はこれで、報酬はこうなります」と告げられたとしたら、どんな気持ちになりますか。

まず「自分の頑張りや成果が認められた。だから自分は昇進（あるいは昇格）した。努力してきて良かった」という喜びがあると思います。じっくり噛みしめていただいてもまったく悪いことではありません。そうやって自分で自分を褒めて、一人乾杯とか自分にご褒美を買うのも問題ありません。しかし、それで終わってしまうのは実にもったいない（この先のさらなる出世を考えるともったいない）ので、注意が必要です。
出世をして、それによって報酬が上がったときにすべきこと、それは「この増えた分の報酬は何をすることで支払われるのか」を考えることです。「基本給」「管理職手当」の2つしかないなど、所属する組織によっては報酬の構成要素が少ないこともありますので、その場合は「役割定義」や「等級基準」なども参考にしてみてください。役職がついても「自分の仕事に没頭し、部下メンバーから相談を受けたときだけ対応すれば良い」というお気楽な人もいますが、それでは報酬相応の仕事とはいえません。部下指導の責任をどうやって果たすか、問題解決をどうやって実現するか、報酬からも考えることが必要になります。

Column

「報酬に恥じない仕事をする」

私が30代の頃、コンサルティングでお世話になっていたある大企業の人事部長と親しくなった。あるとき、その会社の初代社長が社員向けに書かれた本（社員のみに配布している非売品）をお借りしたことがあった。「うちの会社の歴史や、創業時からの経営者の思いがわかるから、是非読んでほしい」という依頼で。

初代の経営者がどんな思いで会社を興し、成長させてきたかがたくさん書かれてあり大変勉強になったのであるが、そこに報酬のことが、次のような内容で書かれてあったことを記憶している。

「課長になったら心得ておいてほしいことがある。上司となるのだから報酬は増える。これまでよりも格段に増える。しかし、それに臆することなく、堂々とその報酬をもらいなさい。堂々ともらうために何をするかを考えなさい。部下に『俺は○○円の給料をもらっている』と宣言しても恥ずかしくない仕事をしなさい」

これは、「管理職になったら、これまで以上に責任ある仕事をしろ、そして堂々とその高い報酬をもらえ」といったメッセージであった。

私はそのとき、出世をするということは、その役割を、覚悟を持って引き受け、成果を出し、それに見合う報酬を、胸をはってもらうことでもあるのだ、と理解した。

現在、何名かの管理職の方々にコーチングをしているが、なかには「課長になったら急に偉そうにして、あの人、何様なの?」というような批判が嫌で、「私は課長だけど、これまで通り皆さんと同じ目線で働きます」ということをわざわざ宣言しようとする人もいる。ご本人に言わせると「部下との距離を縮めることでチームワークを維持したい」ということなのだが、それは最初から役割を放棄していることにもなりかねないので、注意が必要である。上司や人事、あるいは経営者の立場からは、「過去の成果のご褒美としてあなたを課長にしたのではない」という意見になるだろう。

「私は課長になって給料が上がりました。それはこの役割を担うからです。ですので、それを果たすために、これからは皆さんに対し、課の責任者として関わります」

宣言するなら、こちらである。

昇進したとき、あるいは昇格したときは、その報酬の構成要素と金額を見て、自分のやるべきことと、その対価としての報酬を考えなければならない。自分は何をすることを期待されてこの報酬を手にするのか、役割定義や等級基準もじっくり読んでみると、やるべきことがもっと具体的に見えてくる。

出世は喜ぶべきことであるし、過去の成果が評価されたことは間違いない。自分へのご褒美も悪くない。しかし、新しい役職が担える「可能性」が評価されて、そのポジションに就き、それに見合う報酬が設定されていることを忘れないようにすべきである。

「私は何をすることでこの報酬を手にすることができるのか」「私はこの報酬を手にする以上、どんな責任を果たすことが必要なのか」という視点も持たなければならない。自分を褒めた後は、すぐに未来に視点を切り替えることが重要である。「出世する」ということは、責任を引き受けることに他ならないのだから。

6-2 言うは易し②「課題形成力を伸ばそう」

「課題形成力」。これは人事に関連する仕事をしていると、よく聞く言葉です。職位が上がるほど求められるのが「課題形成力」、つまり「何をやるかを見つけ出す力」である、といったことです。

これこそ、言うは易しで行うは難しといえます。概念としてはわかっていても、いざ実践するのは難しい、その理由はどこにあるのでしょうか。

私がまだ20代で営業をやっていた頃、ある大手企業の人事担当者から、こんな話を聞いたことがありました。

「我が社は、新入社員研修で活躍した人は、人事の受けが良いので、将来の幹部候補生と認識されて、その後は課長クラスまで、とんとんと出世していくのですよ。新人研修での取り組み姿勢と、そこで示したポテンシャルが、その後の会社人生を大きく左右するのです」

はじめは何のことを言っているのか、なぜそんなことが言えるのか、理解に苦しみましたが、よくよく話を聞くと、次のようなカラクリがあるとのことでした。新入社員研修の内容をしっかりこなし、他の受講者（新入社員）にも良い影響を与えた人（場を盛り上げる立役者になった人）がいたら、研修を企画した人事としては、その人を極めて高く評価します。周囲をその気にさせることができる人気者ということです。その人気者の活躍で、新人研修の雰囲気が良くなり、参加者の満足度が高くなれば、それは人事（研修企画チーム）の大きな成果にもなり評価されるからということになります。

活躍した新入社員は、「当社の将来を担う人になる。何としてでも育てなければならない」という人事からの期待を一身に背負っているので、いざ現場に送り出すときに、花形部門の、人材育成にも定評のある優秀な管理職の部署に配属されることになります。

将来の幹部候補を、最初から勢いのない部署の、パッとしない管理職の下の、それほど高い能力が求められない仕事に就かせることは、大きな機会損失になるので、配属には当然慎重になります。

花形の部署で、人材育成もうまい上司のもとで、普通に真面目に明るく仕事をすると、標準もしくはそれを少し上回る程度の能力を持っていたその新人は、どんどん成果を出していきます。

「やっぱり彼はものが違う、優秀だね」「彼女は他の新人より頭一つ抜きん出ているな」という前評判以上の評価も得やすくなります。そもそも仕事環境の良い部署に配属され、大切に育てられているのですから、当然といえば当然なのですが、このようにして、順風満帆にキャリアのスタートを切ることができます。数年が経ち、人事異動のタイミングになっても、「将来の幹部候補であることは明確になった、次も勢いのある部署に」という人事の思いは変わらず、さらに実績まで増やした上で、最初の部署と職種は異なるものの、同じくらい勢いのある部署に異動となります。

そこでも同じカラクリで、それなりの成果を出し、またしても高い評価を得ていきます。

「経験」が、人を育てる

これは、やや脚色した部分があるかもしれませんが、人材マネジメントに携わった私からすれば、「人を育てるのは環境」という意味で、十分あり得る話であろうと納得できます。

もっとも、業績が高い、勢いがある部署だけが「人が育つ環境」と言うつもりはありません。ただ、仕事経験を通して人が成長していく以上、どのタイミングでどんな仕事をするかは、その人の成長に大きく影響を与えるので、「優秀な新人は勢いのある部署に」というのは、少なくとも初期段階では理にかなっているとも思います。

さて、ここからが本題です。

新人研修で活躍し人気者になった彼や彼女は、人事の思惑通りに、どんどん出世していきますが、いずれ限界に突き当たります。配属された部署の部門長が優秀であれば、取り組むべきテーマに正しく導かれている可能性が高く、課長やその下の係長や主任クラスは、そのテーマをしっかり遂行することさえしていれば、結果を出し、高い評価を得ることができます。この場合に重要なのは、自分の仕事の段取り力やタイムマネジメント、他者への交渉（依頼や指示）、感謝の意を伝える「きめ細かさ」などでしょう。リーダーシップやマネジメントも当然求められますが、仕事の内容そのものは、実力のある役員や部長が出した方針を、しっかり実践する力があれば十分です。上司である部長も、自分の方針を理解して、率先してそのための行動を文句一つ言わず実践して、そして結果を出す社員は「自分の懐刀《ふところがたな》」として高く評価しますので、どんどん頼りにされ、出世も早くなります（ただし課長まで）。

悩ましいのは、成果を出して成長し40代前後のミドル層に突入しようとしている人たちの多くは、「自分をここまで成長させてくれたやり方が、今後も成長させてくれるはず」と信じる傾向にあるということです。人は成功体験に引きずられますから、これは無理もない話なのですが、そうなると、そこからの新しい成果は出にくくなります。本当は、それまでの自分の強み（の一部）は、一旦捨てることが必要になるのですが、それができないことで結果的に、自らの成長にストップをかけることにもなります。

では、その先の出世を目指すには何が必要なのでしょうか？

これまで世話してくれた上司たちの保護下を離れて、新しいことに挑戦する（できれば失敗もする）経験を積ませなければなりません。どこで難しい仕事を経験させるか、そのタイミングは極めて重要です。

ある会社では「3年間違う世界で苦労してこい。戻ってきたら必ず部長にする」という形だけの環境変化を強いていますが、これでは出向先でのお客様気分が抜けず、重要な失敗経験ができないことになります。

そうではなく、「今後3年間の成果と、そこでの能力発揮の状況を見て次のポジションを考える」としたほうが、本人も気合が入って良いですし、育成にもつながっていきます。

また、ある会社では具体的に「あなたのこれまでは、毎年15戦全勝できた。

しかし、これからの3年間では51勝49敗を目指してほしい。それができれば、部長もしくはそれ以上の役割を担ってもらう可能性が高い」と説明しています。「とりあえず3年間だけ我慢すれば良い、大きな失敗をしないようにすれば良い」という理解をさせるか、「100試合をこなすことがまずは条件（そこで1勝でも良いから勝ち越せば良い）」という高い目標を掲げて仕事をさせるかでは、そこで得るものも大きく異なります。

このような環境変化が巡ってきたときは、成長のチャンス（出世のチャンス）と思って積極的に受け入れることが良いでしょう。

いずれにしても人が成長する上で「環境」は極めて重要です。成長できる環境をどのようにして勝ち取っていくかは、この後に具体的に学んでいきます。

課題形成力を伸ばす、こう言うのは簡単ですが、仕事をまったく変えずして「課題形成力」だけを伸ばすのは至難の業です。早期のうちに「それが強いられる環境」で悪戦苦闘する、これが最も確実で早い能力開発につながります。

会社任せにできないとすれば、自ら手を挙げてその環境に飛び込むことも重要になります。

6-3 出世の「からくり」を知り、アピールする

私は長くコンサルティングファームに所属し、マネジャーやディレクターという立場でメンバーを評価する機会を得てきました。コンサルティングファームの入社試験を通過する人たちは、それなりに皆さん優秀な方々なのですが、そのような人材を集めたとしても、仕事の成果では「差」が出ます。同じ年数の経験者であっても、5段階評価の最上位をとる人もいれば、平均より下の評価になる人もいます。では、コンサルタントの場合、何によって評価に差がつくのでしょうか。

コンサルタントの、特にジュニア（初級）の場合は、能力もそうですが、仕事に従事した時間数が最も客観的で重要な評価指標になります。この場合、仕事をアサインされないと（割り振られないと）時間数は必然的に少なくなり、低い評価しか得ることができないことになります。そして、仕事をする時間数が少ないと、能力発揮機会も少なくなり、能力評価も低くならざるを得ません。仕事にお呼びがかかり時間数がどんどん増える人と、お呼びがかからずまったく時

間数が増えない人がいて、こうして評価に大きく差がついていきます。

これは、仕事を依頼するマネジャーからすると、できるだけ優秀なメンバーに自分の仕事をやってもらいたいと思うことにより起きる現象です。「彼は仕事が早い、彼女は仕事にミスがない」と評価されているからこそ、さらに仕事が回ってきて時間数が増える（好循環）、「彼にはまだ任せられない、能力が低い」と評価されていると、仕事が回ってくることがなく、時間数も増えないという悪循環になります。

多くのマネジャーから「彼とやりたい」「彼女をメンバーに入れたい」と評価された人は、時間数もどんどん増えて、能力開発や発揮の機会を得て、そして高い評価となり、プロモーション、つまり出世も早くなるのです。

可能性と意欲をどう示すか

あるとき、私は「平均より下の評価をとった若手コンサルタント」から、評価面談において、以下のようなクレームを受けました。

「私に仕事を振ってもらえれば、能力があることを証明できます。でも誰も十

分な仕事を振ってくれないので、能力発揮のしようがありません」

その人の主張は、「私は、実力はあるのに評価が低い。それは、仕事機会を与えてもらえないからだ。この事実がある中でのこの評価は妥当ではない。まずは仕事を入れてほしい」というものでした。言いたいことはよくわかります。実際のところ、その人には難易度の高い重要な仕事が回ってこないので、「能力があることを証明できない」というのも、ある程度は事実かもしれません。

ただし、コンサルティング会社は、組織として「人を育てよう」という発想よりも、「この仕事は誰が一番うまくこなしてくれるだろうか」という依頼側（マネジャー）の判断が優先されることが多くあります。

マネジャーは、能力のない人をメンバーに入れたことで、プロジェクトそのものが失敗することは避けたいという思いが強いからです。

したがって、メンバーは数少ないチャンスを確実に活かし、「私に仕事を任せていただければちゃんと成果を出しますよ」ということを証明する、あるいは、その機会がないのであれば、何かしらの形でそれをアピールしなければなりません。私は、そのメンバーに対して次のようにフィードバックしました。

「あなたに仕事が回ってこないのは、あなたが実力の片鱗を見せていないから、

成果を出せる可能性をマネジャー陣に示すことができていないからです」

能力の高さを証明する

さて、なぜこのコンサルティング会社の事例をご紹介したかというと、ここにこそ、出世のために必要な「いかにして重要な仕事を勝ち取るか」のヒントが潜んでいるからです。

別の事例で説明します。日本企業における人事考課（評価）は、主に成果と能力で実施されます。特に能力はプロモーション（昇進）を判断する際の最も重要な指標にもなります。

課長に昇進する人は、係長時代の業績と係長としての能力の発揮の仕方を見られ、上司に「この人は課長の役割を与えても、それをこなしていけるのでは」という期待を感じさせることができます。逆にそれをまったく感じさせることができない人もいます。

一体その差は何によって生じるのでしょうか。

そもそも、上司は何を見て「彼女はもう1ランク上の仕事ができる」「彼はまだまだこの仕事ですら危なっかしい」と評価するのでしょうか。人材マネジメント用語で説明することを許していただけるとするならば、それは「単に行動しているだけけか」、それとも「考えた上で行動しているか」、この違いに尽きます。

後者の行動を「創意工夫が見てとれる行動」という言葉で説明することもあります。創意工夫をする人は、それを再現する(同じ状況で同じことができる)可能性が極めて高くなるのです。逆に前者のような「言われたからやった」「とりあえずやった」というような工夫のない人は、能力を発揮すべきときに発揮したり、しなかったりとムラが出て、その再現性は低いと評価されます。高いレベルで安定して能力を発揮する人を見極めるのが、能力評価の本質なのです。

先のコンサルティング会社のケースでいえば、工夫しているか(再現性があるか)、ムラがあるか、そもそもまったく行動していないか、です。これらの評価の違いによって「また仕事を任せたい」という気持ちが生まれるか否かが決まります。

起承転結を説明する

出世につながる重要な仕事を勝ち取るのも同様です。今担当している仕事の中で、工夫した跡、成長した跡を見せることが肝要です。「彼ならもう1ランク上の仕事もやれそうだ」とか、「彼女ならさらに難しい仕事を任せられる」という印象を強く持たせることが必要になるのです。

ただし、上司はずっとあなたを見ているわけではないので、多くの場合は、コミュニケーション機会でのアピールが重要になります。**「なぜこの行動をとったか」「何を意図してこの行動をとったか」**を上司に説明することで、上司に**「なるほど、よく考えて仕事をしているな」**と思わせなければなりません。意思決定（その行動を選んだこと）と、その根拠の説明によって、上司に納得感と安心感を与えることが極めて重要になります。

「前回の中間報告で、クライアントの最大関心が○○にあることがわかりました。それを確かめるために、翌日担当者とも議論しました。そのメモがこれです。ですので今回の報告では、○○の解決による効果を最も強く訴求します」

例えばこのような上司への説明ができれば、上司は「なるほど」「彼の状況把握は優れているな」という評価になります。上司との評価面談は「自分をアピールする」大きなチャンスです。具体的な行動とその理由を、理路整然と伝えることができ、上司を唸らせることができれば、能力は高く評価され、さらに高いレベルの仕事をやってみるかと打診される可能性が上がっていきます。
「出世につながる重要な仕事を勝ち取るため」には、今の仕事の中で「今よりも難しい仕事を遂行できる可能性をいかに示せるか」がポイントになります。そして勝ち取った役割を遂行すれば、堂々と高い報酬を受け取って良いのです。

Column

「リーダーシップ～座学の限界」

リーダーシップについて書かれている本は世の中にたくさんある。リーダーシップを専門に研究している人も多くいる。「リーダーシップとは何か」「それを発揮するために何が必要か」、このような研究が盛んなのは、この研究そのものが、研究者にとって「大変面白いから」という理由が背景にあるのではないかと考えている。実際に（私の知る）研究者は生き生きしていて、いつも楽しそうであった。しかし、それを学習する私たちの活用度合いはどうであろうか。「研究は盛んであるが、それが実践には活かされていないもの」として「リーダーシップ」が紹介されることもあるようだ（The most studied, and the least understood area）。

さて、ここからは、リーダーシップを、「出世」という切り口で考えていきたい。

リーダーシップには、「特性論」「行動論」などいくつかの考え方がある。

特性論をおおまかに言えば、リーダーになれるかどうかは「その人が生まれつき持っている性質が大きく左右する」ということ。

一方、行動論は、「その行動の仕方を学べば、リーダーシップは訓練次第で誰もが身につけることができるもの」という考え方になる。

リーダーシップの研究では、かつて特性論が優勢だった時代もあるが、行動論が常識になって久しくなった。つまり、工夫と努力で、リーダーシップは「誰もが（ある程度は）習得でき、発揮できるもの」になったということである。ただし、後天的に身につけることができるといっても、「ではリーダーシップは、座学で習得できるのか」というと、決してそうではない。路上で車を運転しないと運転する能力は身につかないし、実際に水に入ることなしに泳げるようにはならないのと同じで、やはり実際の経験（責任者として人を導く経験など）があって、初めてリーダーシップは身につくものである。ここに異論がある人は少ないのではないだろうか。真のリーダーになるためには、自分を成長させる仕事、具体的には「難易度の高い目標が設定され、他者を巻き込みながら達成するタフな仕事」を勝ち取ることが必要になる。

めでたく仕事を勝ち取ったら、その仕事でさらなる能力を発揮し、結果を出すと、さらにタフな仕事がアサインされるというサイクルに入ることができる。経験は貴重である。座学ばかりで、頭でっかちになるのはお勧めできない。本を読んで理解が進むと楽しいので、どんどん成長しているという錯覚にも陥りやすいため注意が必要だ。それよりも「どうやってリーダーシップを発揮する機会を得るか」「得た機会をどうやって活かすか」のほうが重要になる。良い経験ができる機会でしっかり成果を出すと、「彼にはこれも任せられそうだ」という評価から、さらにもう1ランク上の良い経験ができる機会が巡ってくる。このサイクルに入ることを目指したい。

第7章

お作法──7

究極の「利己／わがまま」を追求する

7-1 ビジョンにあなたのワクワクを注入する

マネジメントやリーダーシップの本を読むと、必ずと言って良いほど出てくるキーワードの一つに、「リーダーはビジョンを持つべき、語るべき」というものがあります。

ビジョンとは何か、なぜ有効なのかについては、多くの書籍で紹介されていますが、おおよそ「将来の到達イメージと、そこまでの道筋をわかりやすく部下に伝えるもの」で、その目的は「メンバーの意欲を最大限に引き出すため」となるようです。

確かに、チームメンバーの心に火をつける「言葉あるいはセンテンス（文章）」があれば、それは有効なものだと思います。

一方で、真面目にコツコツ仕事をするタイプの人ほど、この「ビジョンを示せ」という、一見すると聞こえの良い横文字のフレーズに、「胡散臭い」など抵抗があるようです。ビジョン否定派の意見を集約すると、「願望だけ語っても意味がない」「ビジョンなんかより、何をいつまでにやるかを決めて、それをしっかり実践していくことが重要」「絵に描いた餅だけで、人がその気になるわけがない」というものになるでしょう。

私が仕事の一つとして実施している「エグゼクティブコーチング」は、その対象者との、月に1回程度のマンツーマンのコミュニケーション機会を通して、その人のリーダーシップ上の課題や、キャリア開発上の不安などを議論していきます。

コーチングの手段は主に、このマンツーマンのコミュニケーションなのですが、実はそれ以外に、上司や周囲の人の評価も参考にしています。一般的には「360度評価インタビュー」と呼ばれるもので、そのコーチングクライアントの周囲にいる人を5名程度選んで、その方々の率直な評価を収集し、それをコーチングクライアントに（そのままダイレクトにではなく、うまく整理して、時に加工して）共有します。

あるクライアントの部下にあたる男性が、この360度インタビューの中で、とても興味深い話をしてくれたことがありました。

それは本書のテーマである「出世」とも関連が深いので、以下に紹介します（木村さんというのが私のコーチングクライアントです）。

「我々の仕事には、固定業務はほとんどなく、課題を設定してプロジェクト化し、その解決のため活動を進めていくことがすべてです。我々のリーダーである木村さんは、プロジェクトの管理がとてもうまく、メンバーからの質問や意見にも、とにかく親身になって応えてくれる素晴らしい人です」

ここまで聞くと、非の打ちどころのない優れたリーダーだということが想像できます。ただ、その表情から、決して改善要望がないわけではないと感じましたので、そこに水を向けると、以下のように続けてくれました。

「仕事も人間性も素晴らしいので、特に不満はないのですが、ただ、なんと言いますか、うまく表現できないのですが、木村さんには、もっと仕事の成果を皆で喜ぶような機会というか、そういう瞬間をつくってほしいと、いつも感じ

ています」

それは「木村さんは、皆さん方メンバーに対して、もっと感謝の気持ちを示すべきだ、それが足りない」ということですか、と尋ねると、「そうではない」とのことでした。

「感謝の言葉はいつもあります。だからそれではないんです。ただ、一言でいうと仕事がうまく進んで成果が出ても、なぜか心の底からのうれしさがないんですよね。もっと『あのとき頑張ったよね』『あそこが一番大変だったよね』というような、余韻を楽しむ時間とか、そういうものがほしいんです。それがないまま『お疲れさまです、うまくいきました、皆さんありがとう。次はこれです。〇〇さんはこれをお願いします』という課題が、瞬時に示されることに、何か違和感があるというか……、これは私のわがままなのかもしれません」

そして、インタビューの最後に、その男性はこんな話もしてくれました。

「会社ですから、売上や利益がないと存続できないことは理解しているつもりです。だからそれらが最も重要な目標であることは、私にもわかります。ただ、木村さんのような偉いポジションになって、もっと大きなことをやれる可能性のあるリーダーには、売上とか利益とか顧客満足とか、そんな当たり前の目標だけじゃなくて、『この会社（クライアント）をこうしたい』とか『こんなことで世の中に貢献したい』とか、夢を語ってほしいんです。ある意味、子どもが抱くような夢でも良いんです。それがあると、もっと皆さんが木村さんについていきたいと思うようになる、木村さんのリーダーとしての魅力が増すと思うのです」

人間のモチベーションに関する研究は数多くあり、金銭的報酬を得られることだけが「やる気」につながるわけではないことは、ほぼ常識として理解が進んでいますが、では金銭的報酬以外で、やる気の源泉になるものは何かという問いに対しては、唯一絶対の正解はないようです。

ただ、その中で上記の木村さんの部下が話してくれた、「リーダーには、子どものような夢を持ってほしい」という言葉には、何か大きなヒントがあると感じます。

偶然にも、その会社のトップは、後日実施された部長研修の冒頭で次のような話をされました。

「この中から、数年後の経営陣もしくは経営者が生まれてほしい。社長になるという目標を持っていただいて大いに結構。ただし、勘違いしてほしくないのは、トップになるのが目的ではないということ、何のためになるのか、何がやりたいからなるのか、それを明確にしてほしい。ある意味わがままで自分本位の目的でも構わない。それが同時に会社にメリットをもたらすものであれば、まったく構わない。むしろ自分の内面から湧き出る『こんなことをしたい』という気持ちを、この研修で大きく育ててもらいたい」

夢を捨てて会社に尽くすのではなく、夢を実現するために会社のリソースを最大に使っても構わないという意味だと理解しました。「利他」と「利己」の明確な区別は難しいのかもしれません。それが統合されれば良いということなのだと私は理解しました。

先ほどの、木村さんの部下のコメントでいえば、売上目標や利益目標などの

「近く」を見て、しっかり業務をやらせる一方で、同時に壮大な野望、子どものような夢を持つこと、つまり「遠く」も見せることで、部下メンバーも「是非私もその夢に貢献したい、一枚かみたい」と思えてくる、ということなのかもしれません。

ビジョンというのは、それを導き出す方程式(例えば「上司の意向、会社の方針、環境変化を足して3で割れば出てくる」のようなもの)があるわけではありません。機械的に導き出せるものではないでしょうし、唯一の正解もないものだと感じています。

その意味では、誰がリーダーになるかによって、ビジョンは変わっていくものでもありますし、変わるべきものでもあります。その自由度を含めての権限と責任を与えられた人がリーダーだということです。

「私はこれを成し遂げたい」という、一見すると利己主義であっても、その中心部に「みんなのためにそうしたい」という利他主義がしっかりと根を下ろしているとき、それがメンバーをワクワクさせるビジョンに近づいていくのかもしれません。利己のないビジョンに自分がワクワクすることはありませんし、利他のないビジョンで他者を巻き込むことはできません。
そもそも、ワクワクしていない上司から「君たちには（このビジョンで）ワクワクしてほしい」と懇願されることほど、ナンセンスなことはないでしょう。

7-2 他者貢献は、「自分本位」からスタートさせる

私が長くコーチングでお世話になっている会社で、経営のトップ（社長および現在は会長）として組織を牽引してきた方がいらっしゃいます。数億円だった売上を、一代（数十年）で１００億円を目指そうとする会社に育てたという素晴らしい実績をお持ちの、尊敬する「ビジネスの大先輩」です。

ただご本人は、その実績に胡坐をかくことなく、次のように語ります。

「私はちょっとしたアイディア、それも相手が何をしたら喜んでくれるかをいつも考え、それを実践してきました。ビジネスはご縁が大切、人のためを思って行動していると、それは必ず成功に結びつく、これをポリシーとして努力し

てきました、ただそれだけです」

こういった謙虚な姿勢は、今も変わりません。

あるとき、その会長が私にこんな話をしてくれました。

ちょうど、強い台風が西日本を襲い、大きな被害が出たときでした。被害にあったある地区に、その会社の取引先があり、会長はすぐにその地区の担当営業を呼んで、社内で見舞金を募るように指示していらしたのですが、そんなときのことでした。

「こういう心遣いが、実はビジネスの成果には一番確実に結びつくのです。私に言われる前に、それを理解して行動に移してほしいのですが、なかなか……」

会長は続けました。

営業であれば、すぐに「取引先は大丈夫か？」「何か手伝えることはないか？」と頭を動かしてほしいが、そこが遅いと。

「結局、このような相手を思う気持ち（他者貢献意識）を持つことで相手は喜び、

それがいつか確実に自分に返ってきます。もちろん、見返りを期待して行動するわけではないですが、『見返りがほしい』という気持ちをゼロにする必要はまったくありません」

さらに、次のように教えていただきました。

「相手に提供できる最大の価値は、実は相手のことだけを思っているだけでは実現できない。自分として相手に何をしてあげたいか、これがベースにないと最大の価値は提供できないのです」

私はこのお話をお聞きしたとき、心理学者のアドラーの教えをまとめた書籍『幸せになる勇気　自己啓発の源流「アドラー」の教えⅡ』（ダイヤモンド社）で提唱されていた次の考え方を思い出しました。

弓矢をつくる名人がいたとします。けれども彼は狩りの名人ではない。せっかく立派な弓矢がありながら狩りがうまくいかない。

「自分は弓づくりに専念しよう」

この利己心が、共同体の中では利益の最大化となり、他者貢献となる。

これを私は、社会の中に出て自分の立ち位置を理解する、その上で利己を追求したとき、その先に真の利他があると理解しました。

キャリア開発においても同じことがいえます。

他者や社会に貢献できる領域はたくさんありますが、その中で「自分が最も高い価値を出せ、自分の存在意義も確認できるもの（やっていて楽しいもの）は何だろうか」。

このような視点を持つことが必要なのです。この視点が欠けたまま「当チームのビジョンは」と語ってもそれはメンバーに浸透しにくい、これが現実です。ビジョンを提唱したリーダー自身がそこにワクワクしていなければ、他者に「これでモチベーションを上げてくれ」というのは不可能です。

私はこの尊敬する経営トップの方とお話をするときに、いつもそれを感じています。

7-3 言うは易し③
「やりたいことを見つけよう」

私自身が仕事にしている「エグゼクティブコーチング」は、クライアントとの会話が第三者に聞かれることがないように「閉ざされた空間」で実施することを絶対の条件としています。

本音を包み隠さずに話すことで、「自分が何に悩んでいるか」を具体的に理解することができ、こちらから解決策を提示せずとも、クライアント自らの力で、今の気持ちに整理をつけることができるからです。

裏を返せば、自分が何に悩んでいるか、なぜ悩んでいるかは、実は自分でも完全には整理して理解できていないことが多い、ということになります。

「自分のことだから、自分が一番理解できている」と思いがちですが、他者のサポートがあって初めて、自分の中の「曖昧な不安」が「明確な問題」に昇華することは多々あります。

コーチングとは、そのお手伝いをするための知識とスキル、そして、それらをうまく活用できる「深い経験」を持っている人（コーチ）との、対話といえるのです。

私が実践するコーチングの中では、さまざまな話題（テーマ）を議論していくのですが、多くの人が抱えている悩みの一つが、「キャリア（仕事の未来）」に関することになります。

にわかには信じがたいかもしれませんが、すでに十分なビジネスの経験を積み、それなりのポジションに就いていて、誰もがうらやむような活躍をしている人でさえ、「これから何をやりたいのかわからない」という本音を吐露することは多くあります。

逆に、30代の若手リーダー候補の中には、「私の将来像は」とか「私の夢は」と明確に言い切ることができる人もいますが、ご自身がそこに100％納得した上で心の底からその言葉を発しているかは微妙です。

「夢を語れないのはカッコ悪い」という気持ちが先走りしている様子もうかがえます。

私はここで、何も「やりたいことがわからないのは、悪いことだ」と言っているわけではありません。むしろ、ある意味当然のことであると考えています。濃淡こそあれ、誰もが持っている悩み、それが「私は（本当のところ、この先）何がやりたいのだろうか」ではないでしょうか。

期待されるのは迷惑

ある若手のリーダー候補（30代後半）に対してのコーチングでの会話です。その会社でどんどん出世することをトップから期待されているその人は、あるとき次のような悩みを吐露してくれました。

「期待されているのもわかるし、仕事も充実はしています。でもこれが本当に自分のやりたいことなのか、その先に自分の満足できる未来があるのかわからないし、人より偉くなっていく点については、むしろ自身が望むことと違う気もするのです。きっと違うと思うのです」

性格で分けるのは良くないことかもしれませんが、真面目な人のほうが、この悩みは深いようです。

逆に楽観的な人は、会社から期待をされると、その分の「好待遇」を受けることができ、さらに期待に応えていくことで、肩書も良くなり、そこに一種の達成感を持つことで、将来に対する不安も隠れてしまう傾向があるようです。

いずれにしても、「肩書にさほど興味はない」という気持ちが強い人のほうが、このキャリアの悩みはより切実であるといえます。

では、このようなキャリア上の悩みを持つ人が、それを解決するためには何が必要になるのでしょうか。

人それぞれに、いくつかの解決方法は存在するのでしょうが、その一つの有効な方法としてこの本の中でご紹介したいこと、それが「出世を目指すこと」になります。

つまり「出世」は、「自分のやりたいことがわからない」という悩みを解決することに大きな効果をもたらすのです。

「いや、おかしいでしょう。出世することに違和感を持っている人に、『その

解消のために出世を目指せ』って、どう考えてもおかしいですよね」

こんな疑問を持った人も少なくないと思います。

なぜ、この理屈になるのかは、この後、じっくりお話しさせていただくとして、ここでは一つだけ「あるキャリアに関する考え方」を紹介しておきます。

やりたいことができている人は少数という事実

「自分のやりたいことがわからない」という悩みは、誰もが持つものであり、永遠に続く悩みともいえます。

一方で、そのような悩みなどない、目の前のことに全力を注いで、充実したキャリアを目指し、仕事に邁進しているという人（少なくとも周囲から見てそう思える人）も世の中には存在します。

その方々はどうやって「自分のやりたいこと」を見つけたのでしょうか、あるいは、本当にやりたいことを見つけたのでしょうか。

私の知る限りですが、このように、あたかも天職を得たかのように仕事人生に前向きな人の場合は、「やりたいことを見つけた充実感」ではなく「やるべきことをやりたいようにできるようになった充実感」が大きいのではないかと感じています。

ある私立大学の就職課長さんから、就職活動中の学生に向けて贈る言葉として、次のようなことを紹介していただいたことがあります。それは大学を卒業する学生への「ハナムケの言葉」ともおっしゃっていました。

「君たちの先輩、大学を卒業して社会に出ている人たちの中で、実際に好きなことを仕事にできている人は、正直に言えば多くはない、いや極めて少ないというのが事実です。でも、そこで肩を落とさないでほしい。というのは、好きな仕事に就いたわけではないけれど、就いた仕事を好きになっている人、これは私が知る範囲でも、案外多いんですよ。皆さんにもそうなってほしいと思っています」

私は、この言葉にキャリアを充実させるヒントがあると思っています。具体的には、「就いた仕事を好きになる。それが天職だと思えるくらいになる」ということです。

そのヒントが「やりたいようにできる」であり、そのために有効なのが、出世を目指すということです。

「その仕事をやりたいようにやる」というのは、勝手に好きなことをやって良いとか、気が向いたときだけ自分のペースでやって良いということではありません。どちらかといえば、「思った通りに事が進む」「計画した通りに成果が出る」。

この状態が、「仕事がやりたいようにできている」に近いと思います。

もちろん、失敗のない人はいませんから、小さな失敗（時々は大きな失敗）を重ねながらも、そこで得た教訓をしっかり次に活かして成功を収めている人というのが、正確な表現かもしれません。

成功する術は、一定以上の権限があると、さらに大きな成果を呼び込むことができます。

ここに、「出世とキャリア」のヒントがあるのです。

出世をすることは、自分に協力してくれる人が増えることになります。自分自身が（仕事上で成し遂げたいこと）を明確に示し、部下メンバーに賛同してもらえるとしたら、そのやりたいことを実現することがかないます。そして一緒に達成感を味わうこともできます。

「やりたいことがないなら出世を目指せ」という意味ではありません。「やりたいことを模索しながらも、成果を出し、周囲のメンバーとともに達成感を得ることができたら、やりたいことがどんどん鮮明になっていく」という意味に近いです。

出世は、その結果ついてくるものだといえるのかもしれません。キャリアビジョンは、あるとき「これがやりたい」と降ってくるものではなく、徐々に色濃くなっていくものです。

こうして出たキャリアビジョンが、そのままリーダーとしてのチームビジョンにつながることは、前記の例で少しおわかりいただけたと思います。

この後、私が出会った方々との実録を紹介していきますので、その中で、もう少し深掘りしていきましょう。

第 8 章

実録

「出世拒否」が変化した5人のリーダーのお話

出世することに嫌悪感を持つ方がいます。
ただ、そんな方でも昇進していく意味を知ることで、
新しい視点が得られるようになります。
ここでは、私がコーチングした
5人のリーダーのお話を紹介します。
それぞれが、どのように出世に対する考え方を改め、
上へと進む道を選んだのかを知って、
ご自身の参考にしてください。

ケース①

自分の弱点こそが、リーダーとしての「強み」に……

ある会社の女性リーダー候補のコーチングを請け負いました。お名前は、青木佳子さんです。青木さんはすでに数名のチーム員をまとめる課長職にあり、そのバランスのとれた言動を買われ、そして「ダイバーシティー推進」という全社の方針も追い風の一つとなり、近い将来、この会社で初の女性の部長職になることが期待されていました。

私によるコーチングは、その準備のための教育でもありました。

その青木さんが、初回のコーチングセッションの中で、「深い悩み」を吐露してくれました。想定はしていましたが、初回に、それもここまでストレートに表明されるとは正直思っていませんでした。

「課長である今でさえ、強いストレスを感じているのに、部長になることで、さらに大きな責任を持つことは、できれば避けたい、部長昇進を辞退したいというのが本音なんです」

私は驚いた表情はできるだけしないように意識し、それを受け止めました。

青木さんは続けます。

「昇進を後押ししてくれている上司と担当役員には、ここまで大変お世話になっていますので、そのようなことは言い難いんです。辞退する何か都合の良い理由を探すことはできないでしょうか」

ソフトな語り口でしたが、相当深い悩みとして抱えていることは十二分に感じ取ることができました。そこで「わかりました」という返答ではなく、青木さんの言葉を要約する形で「理解し受け入れたこと」を示すよう意識しました。

「辞退したい」「部長になりたくない」とはっきり言えるのには、それなりの理由があると思い、何が不安なのか、なぜ不安なのか、じっくり話を聴いていくようにしました。「この人に正直に話しても否定されないし、不利にならない」と青木さんが感じてくれるのであれば、率直に話してくれるだろう。それは間違いではありませんでした。

「私は、一つひとつの意思決定に時間がかかってしまうのです。自分でも嫌に

なるくらい、決められないのです」

首を小さく左右に振りながら話す姿に、その悩みの深さを感じます。

「先日も部下メンバーに、ある仕事を半ば強制的に指示した後も、それで良かったのかといつまでも考えてしまい、気分も落ち込んでしまいました。上に立って他人に指示する仕事には向いていないのだと思います」

私は「その状況について、もう少し具体的にお聴きしたい」と伝え、以下のエピソードを聞き出しました。

青木さんを最も悩ませていること、それは、子育て中の女性メンバーの働き方に対して、他の女性メンバーが「私たちにしわ寄せがくるのは嫌だ」という態度を示すことで、子育てでも、子育て社員の支援も、どちらの経験もあり、気持ちもわかる彼女にとっては、それが「つらく悲しい」ということでした。

「理屈ではわかります。組織だし、永遠に続くことではないから、我慢してくださいと言うべきだと理解はしています。でも、訴えてくる女性社員の気持ち

も理解できる分、それを言えなくなるのです」

このような気持ちを抱えながらも、管理職としてやるべきこと、すべき判断はしっかり行っているというのが、その後の質問への回答から得た、私の印象でした。悩み苦労しながらも、最終的には毅然と対応している、素晴らしいリーダー候補だと感心し、だからこそ、組織から「部長候補として」評価されているのだ、と納得しました。

とはいえ、ご本人にとっては荷が重く、悩みは尽きません。

「課長である今でさえ、いちいちこんなことで気持ちがぐらついている自分が、さらに上位の管理職になっていって良いのでしょうか、その資格があるのでしょうか」

青木さんの場合は、「あなたは、課長としてのマネジメントやリーダーシップはすでに身につけているので、今度は新たなマネジメントレベルに挑戦しなさい」という評価を受けている状態にあります。

その期待に応えるためには、今までやってきた意思決定と、そのための行動は、他者（下の誰か）に任せて、彼女自身は徐々にもっと異なるレベルの仕事に時間と労力を移していく必要があるのです。

部長や役員になるということは、5年先、10年先の環境変化を予測し、今のうちに取り組む課題を明確にして、そこまでのストーリーを関係者に説明してコミットさせる（その気にさせる）という、まったく異なる行動が必要になります。しかし彼女には、おそらくその素養もある、もしくは「青木さんにかけたい」と上層部は評価していたのでしょう。

私はその会話の最後に、青木さんに伝えました。

「あなたのその、『いちいちひっかかってしまう性格』は、むしろ強みかもしれません。それがあるから、冷静な判断の中に、部下メンバーは『あなたの温かさ』を感じ、納得して行動できるのではないでしょうか」

そして強調します。

「むしろそのご自身のパーソナリティーとともに、これから生きていくという気持ちを持っていてほしいと思います」

「そんなことを気にしていたら体がいくらあっても足りない」とか「私だってやりたくてやっているわけではない」という割り切りは、人間の成長をストップさせることになります。

「いちいちひっかかってしまうからこそ、また、それでも逃げずに前に進んでいるからこそ、組織はあなたを評価し、次のステージを準備してくれているのではないでしょうか」

青木さんからは、「納得できません」という反応も、「そうですね」という回答もありません。ただ次回以降のセッションで、もっと議論を深掘りすることは約束してくれました。

【コーチの補足】

Diversityという言葉がまだ一般的には使われていなかった時代までは、リーダーになれる可能性の高い有能な女性であっても、そもそもチャンスが巡ってきませんでした。「女性には部長は無理」「彼女はそんなタイプじゃない」『切った張った』の戦いは、あのやさしい性格では無理だろう」と決めつけられていたからです。

しかし、今は青木さんのように他者の心に配慮できる人が、それを一つの武器として、新たなルールでの競技に参加することができるようになりました。このような人が、健全なリーダーになれる可能性の高い人でもあるのです。そこに気がつき始める組織も徐々に増えました。

出世は、胆力（事にあたって恐れたり、尻込みしたりしない精神力。ものおじしない気力。肝っ玉）の有無が問われる世界に足を踏み入れることになりますので、気が重いという青木さんの気持ちも痛いほどわかります。

それでも、「部長になれば何とかなるさ、権限で強行突破もできるし、評価権で部下を従わせることもできる」と気楽に考えている人よりも、青木さんのような悩みを持つ人が、開き直ることなく、苦しみながらも前進してくれたほうが、組織も強くなり、その下で働くメンバーも幸せな気持ちで仕事ができるのだと思います。

1カ月後の次のコーチング面談から、少しずつですが、青木さんの気持ちに変化が生まれました。

ケース②

「上司が嫌いだから」。この思いを変えるだけで！

ある大手メーカーの経営幹部候補者のコーチングを請け負いました。名前は大蔵英紀さん。

大蔵さんは新卒で配属された営業で実績を上げ、入社から15年経過した今は、将来の幹部候補として期待され、現在、2名の若手を率いるチームリーダーとして活躍しています。

ご本人いわく「マネジメントには興味がないから、ずっと、このまま第一線で営業をやっていたい」ということでしたが、会社はそれを簡単に認めるわけにはいきません。

能力の高い人には、それなりのポジションに就いてもらうことで、組織は強くなるからです。

この会社と本人のギャップを改善する目的で、私がコーチングを請け負ったのです。

会社としては「さらに上位の役職を目指してほしい」が、本人は「僕のような人間は、第一線で活躍させるほうが会社にもプラスですよ。チームリーダーより上にはなりたくない」と譲りません。

コーチングには、強制力はないとはいえ、ある程度上司や会社の意向を伝える必要があります。つまり、大蔵さんの話を永遠に何も否定せず黙って聞いていても、進展がない場合があるのです。

とはいえ「説得する」という方法はとれない中で、どうしたら会社にも、そして大蔵さん個人にも満足してもらえるか、このようなケースは、大変難しいコーチングとなります。

「会社が大蔵さんに、もっと上を目指してほしいという希望を持っていることはご存じですよね？」

大蔵さんは小さく頷いて話し出しました。

「命令なら従うしかありませんが、選択できるのであれば、管理職としてのキャリアを進むよりも、今までのように稼ぎ頭でいたほうが、自分も良いですし、会社にもプラスになると思います」

会社は（当然ながら）本人の意向を無視して、「課長職を命ず」という決定をすることができます。

しかし、大蔵さんくらいに優秀な人材に対しては「納得して課長になってほしい」「課長が嫌で退職されるのは大きな損失になる」という思いがあるので、会社は事前にこのような形で意思確認をして、「コーチングによって昇進に前向きになってもらいたい」と思っているのです。

「うちの部長を見ていると、とてもじゃないですけれど楽しそうではありませんし、むしろつらそうなんですよ。あの人の目標は、本部長、そして役員にまで上り詰めることしかないのでしょうね。あらゆる意思決定や、あの人から出される方針には、そのエゴが透けて見えるんです、あんな人間にはなりたくないです、ここだけの話ですが……」

自分の上司には「チームのためとか、会社のためを思っての言動は何一つない」というのが大蔵さんの見方でした。

「うちの部長のやり方は、どうしても好きになれません。上司にはできるだけ

関与してほしくないんです。私は私で、チームメンバーの達成感を醸成できるようにマネジメントしていきます。そこは、頑張りますから……」

もし、課長に上がれば、大蔵さんが毛嫌いしている部長の仲間になり、今「自分が嫌だと感じている指示命令」に加担することにもなります。それが出世拒否の大きな理由になっているようです。

「大蔵さんが思う上司の理想像はどんなものですか？」

質問を変えてみたのは、彼の中にある「上司への思い」を明確にしてみることで、もっと議論を深掘りできるのではないか、と考えたからでした。このとき私の中では、彼が最終的にどのような結論を出そうとも、それを応援するという気持ちが固まっていました。

「深く考えたことはありませんね。ただ、尊敬される人間でいたいと」

大蔵さんは、「部下メンバーに尊敬される上司でいたい」という思いが強く、その分、「自分の上司も尊敬できる人であってほしい」といった気持ちがあるようです。

その後の議論の中で、大蔵さんもそれを認めてくれました。

「やっぱり、尊敬する人のもとで働きたいですよね。自分が成果を上げることで、尊敬する上司に貢献できた、という気持ちを持ちたいです」

大蔵さんの中にある「出世したくない」という気持ちは、その背景に「今の上司を尊敬できないから」というものが存在するのが一つの原因のようです。

そこに辿りついたことは、このコーチングの大きな成果といえます。

【コーチの補足】

仕事を真面目に考える人ほど、上司に対しても「理想の像」を求めます。

ただ上司も人間ですから完璧な人などいません。むしろそこを自身で補完する姿勢があると良いのですが、大蔵さんのように正義感が強いがゆえに、上司との距離を必要以上に取る人は一定数いらっしゃいます。

上司に気に入られるというのは、出世において大きな意味を持ちます。

一方で、実はここが大変難しいのですが、尊敬する上司を慕いながらも、つまり、自分を引き上げてくれたことに感謝しながらも、どこかで「追い抜く覚悟」を持つことも重要です。


「懐刀のままでいる」と、その上にはいけません。

過去の感謝を忘れること、あるいは「私が懐刀でいることで、あなたの出世には十分に貢献しましたよね」というくらいに割り切って、どこかで追い抜く、そして追い抜いた後は、再び上からサポートする、このような気構えを持っておきたいものです（どこで追い抜くかのタイミングは難しいですが）。


さて、大蔵さんの話に戻ります。

「上司を尊敬できない」と嘆いている彼にとっては、（その気になれば）この「追い抜く」には何ら抵抗はないでしょう。

逆にそのタイミングがくるまで、慕っているふりをして、うまく利用するという方法もあります。

「従いつつ導く」「上司へのリーダーシップを発揮する」。これはかなり高度な技になりますが、大蔵さんには是非ここにチャレンジして真のリーダーになってほしいと思いました。そして大蔵さんご自身が偉くなったら、そこから自分らしさを出して、組織の成果とそこで働く人々の幸せの両立を目指して前進する、これが理想だと思います。この後のコーチングでは、このような議論を、時間をかけて行いました。

「上司を人間として尊敬できない」

これだけの理由で、自分の可能性を捨ててしまうのは、実にもったいない話です。

上司は単なるビジネスパートナーであり神様ではない、使い方次第で自分の出世を後押ししてくれる貴重な存在になる、ビジネス人生の中の一部分をともにするだけの存在である……と再定義することで、大蔵さんの出世に対する考え方は徐々に変わっていくことが期待できます。

ケース③ 後に続く若手社員のために、道を切り拓く

2人の小学生を育てながら働く内川みどりさん。

内川さんは、新卒でこの会社に入り、2度の産休、育休を経て、今は課長職に相当するシニアマネジャーという職位で、3人の部下と一緒に法務関係の仕事をしています。

私によるコーチングがスタートして3カ月が経過したとき、内川さんから**「サプライズの報告があります」**という話がありました。

「すごいじゃないですか」

私は、彼女の報告に思わず声が大きくなりました。

一昨日、取締役から内川さんに、ヨーロッパへの赴任の打診があり、帰任後には、そこでの経験を活かして日本で新しい組織を率いてほしいという話があったそうです。

「赴任期間は決まっているのですか?」

「目安は3年と聞いています」

「そこでは、主にどんな仕事を？」

「私が担当する分野で新しく成立する法律が、一足先にヨーロッパで適用されます。そこで学んで、いずれ導入される日本での対応を考えるというのがミッションです。現地では、チームメンバーの一人として実務に携わると聞いています」

「なかなかできない経験ですね、素晴らしい」

内川さんの表情は、笑顔でしたが、心配ごとが当然あるようでした。例えば、お子さんやご主人との生活はどうなるのか、そこについては悩ましい問題なのでしょう。

「それもあるのですが、私が今一番悩んでいるのは、日本に戻ってきてからのポジションなのです」

「新しいビジネスチームのリーダー、ですよね」

私は、このコーチングの目的がさらに明確になるのがうれしかったものです。しかし、内川さんはそうではないようです。

「私は入社してから法務関係の仕事一筋で、それなりの専門経験を積ませていただきました。今後もこれで頑張っていくことは希望通りです。ただ、部の責任者としてビジネスをリードするというのは、法律以外の知識や、私にないスキルも求められると思うので、それは私が追求したいことと違うような気がしているのです」

内川さんの信頼は社内でも大変厚いものです。それは、コーチングの360度インタビューでよく理解できていました。

単に知識があるだけではなく、相手の状況をしっかり把握して、相手が使いやすい形でフィードバックでき、専門性の高い人には滅多にいないタイプで、豊かなホスピタリティーを持つ人だという評価でした。

実務家として、これだけの高い評価を得ている分、仕事も充実しているので、マネジメントという未知の領域にはまだ興味が湧かないのかもしれません。

「海外での仕事は、私の夢でもありましたが、それと引き換えに実務から離れ

るのは少し寂しいので、このオファーを受けるべきか否か、悩んでいます」

取締役から、どんなアドバイスがあったかを尋ねてみると、「ちょうどこのコーチングに参加しているのだから、内川さんの将来像を考えて、決めたら良いだろう」と言われているということでした。

「『自分のなりたいイメージを持ち、何のためにそれを目指すのかを、明確にしなさい』というアドバイスをいただきました」

内川さんに限らず、マネジメントの比重を増やすことを嫌う人は多いものです。また、「何のために上を目指すのかを明確にしなさい」という指示に戸惑う人もいるでしょう。「何のため」といわれても、「そこに仕事があるから懸命にやるだけです」というのが内川さんの率直な思いのようです。

そんな内川さんには、今までの仕事でのやりがいや大きな達成感を得たときのことを振り返ってもらいました。

想像通り、あるいはそれ以上に多くの感動経験を持っていました。悔しい思いをされていることも率直に話していただきました。しかし、だから将来はこれを頑張るという、仕事の「つながり」までは明確にはなりませんでした。

「何のために頑張るのか、という目的や将来のイメージってそんなに大切なんでしょうか？」

もっともな質問です。それがなくても実績は出せますし、目の前の仕事でしっかり結果を残すことで十分満足だという人もいます。

こんなやり取りを2〜3回続けていくうちに、とうとう「海外赴任を受けるか否か」の返事をする期日が近づいてきます。内川さんは、どのような意思決定をされるのか、自分のことのように心配になりました。

それから数日後のコーチングの冒頭で、報告があったのです。

「私、決めました。やりがいっていうか、何のために頑張るか、それが少し見えてきた気がするんです」

内川さんの声は、少し弾んでいます。

「最近、社内メンター制度で、他の部署の若手社員と会話をすることが増えま

した。そこで特に女性スタッフから、私のキャリアにすごく興味を持っていただいていることがわかったんです」

Working Motherはまだまだ少ないので、若手の女性社員からすると、内川さんのような育児と仕事を両立している人を「是非とも参考にしたい」ということでしょう。

内川さんは、いつの間にか、若手社員のロールモデルにもなっていたのです。

「バリバリのキャリアじゃないところが良い、と言ってくれる人もいて、ちょっと複雑でしたけど、うれしかったです」

「私には、これといって強みがあるわけではありません。課長職といっても、うまくマネジメントはできていないと思います。でも、こんな平凡な私のことに興味を持ってくれて、いろいろ質問される。ごくごく当たり前のことを回答しただけなのですが、すごく感謝される、こういう経験は初めてでした」

「私のような普通の人間でも、後に続く人たちの参考になれるのは、とても光栄です。ですから、他の人を勇気づけられるのであればと、海外赴任にも、日本に戻ってからのリーダーポジションにも、挑戦することに決めました」

【コーチの補足】

内川さんの判断は、とても良いと思いました。「自分のために頑張る」という考え方では、どこかで力尽きてしまいます。ですが「誰かのために頑張る」という思いは長く続くものです。今の内川さんの例でいえば、「後に続く若手のために道を切り拓く」ということになります。それが、この会社への恩返しにもなるのです。

内川さんの上司である取締役は、実にうまくマネジメントをされたと感心します。ただ単に「上を目指せ、悪いことは言わないから上を目指せ」という命令ではなく、「何のために上を目指すのかをもう一度考えなさい」というアドバイスをされました。

自分の目標に魂を入れる作業、ミッション（パーパス）を明確にする作業は、等身大の夢を生み、活力を向上させるのだと確信しました。

ケース④

本当にやりたいことは、出世によって実現できる

ある会社で、「キャリアフェア」というイベントに参加しました。

その会社の本部長クラスおよび役員の方々数名がパネラーとなり、これまでのキャリアを振り返って、ターニングポイントになったこと、キャリアの中でやって良かったと思えること、社員、特にこの会社で働く若手の皆さんに伝えたいことを話していただく（パネル）ディスカッションで、私は外部の人間として、そのコーディネーターを務めたのです。

若手にとっては先輩方のキャリアの変遷に興味があるのでしょう。会場は「出入り自由」になっていましたが、最初から満員の大盛況でした。ビジネスパーソンにとって、自身のキャリアについての悩みは尽きないようで、身近にいる先輩の体験から、一つでも何かを得たいという人が想像以上にたくさんいたのです。これはこれで、こちらのやりがいにもつながりました。

4人のパネラーの一人に、女性役員の結城千尋さんがいらっしゃいました。

女性役員といえば、人事や総務系の担当が多い中、その方は珍しく、営業畑で育ち、そして今も営業機能の一部の担当役員です。

参加者からは事前に質問を受け付けていて、それに基づいて各パネラーからコメントをいただく形式で進んでいきました。その中に、次のようなストレートな質問があったのです。

「結城さんは、いつ頃から役員になることを意識されたのですか？　そもそもそれを目指していたのですか？」

結城さんは嫌な顔一つしません。

「私は出世なんかしたくないと、ある年齢まではずっとそう思っていました」

予期せぬ回答だったのか、会場は少しざわつきました。

「私が仕事で目指していたのは、チームメンバーにとって成長できる仕事や達

成感のある仕事を、いかに増やし、獲得していくか、それだけでした。出世という言葉は頭の中にまったくありませんでした」

「それを目指していたら、自然に役員になられたのですか？」

私がコーディネーターとしてした質問に、頷きながら答えます。

「私はずっと営業畑で育ってきました。若い頃は、上司が決めてくる仕事を担当させていただき、それに懸命に従事することで成長できました。大変ありがたかったものです。仕事こそ、人を成長させるものだと実感していました。ですので、私もその上司のように、クライアントと良い関係を築き、そして良い仕事を勝ち取り、それをチームメンバーに提供することで、会社に恩返しをしたいと強く思っていただけです」

「ここまで、順風満帆だったのですか？」

「成績を上げていくと、どうしても昇進がついてきます。ありがたい話ですが、当時の私は、それが嫌で、悩んだこともありました。『頑張ってるね』などの言葉ならまだ良いのですが、『結城さんって仕事好きですよね』という言葉は、話しかけた本人には大きな意味はないのかもしれませんが、なぜだかそれで傷つくこともありました」

「転機となった出来事はあるのでしょうか？」

「これで目が覚めた、ということはありません。でも、いつ頃からか、私の願い、つまりチームメンバーに良い仕事を提供するということは、私自身が役職を上げて、意思決定する範囲を広めることで実現可能性が高くなることに気がついたのです。私の目標は、出世によって実現できる、このことに気がついたことで、とても楽な気持ちになりました」

「迷いがなくなったということですね」

【コーチの補足】

結城さんは、「ライフとワークのバランスをどうとるかは、男性社員も含めて重要ですし、全員が仕事第一優先でやるべきとも思いません」とも話されていました。

そして、「私自身も子どもを育てた経験から思うことは、ライフとワークのバランスというのは、時間配分ではなく、仕事のときは仕事に100％集中できていて、子どもとの時間を過ごすときは、心がそこに100％ある、このような状態をつくることだと思っています」と結んだのです。

仕事のときはそこに集中できる環境をつくったからこそ、仕事での大きな目標が達成できたのだと理解できます。ライフを犠牲にした結果今がある、そうは思っていないということでしょう。

若手のみならず、たくさんの社員が、熱心に耳を傾けていたのがとても印象的でした。

ケース⑤

自分の気持ちとしっかり向き合う

あるコンサルティング会社のクライアントから、パートナー（最上位の職位）候補のコーチングを請け負ったことがあります。名前は、田代栄一さん。

田代さんは、この会社には5年前に中途で入社、その前は、新卒で入社して10年所属した、別のコンサルティング会社で同様の仕事をしてきています。

昨年シニアマネジャーに昇進し、今年からは将来のパートナーになることが期待され、それに向けてのコーチングでした。

田代さんのコーチングでは、すぐに上司へのインタビューを実施しました。そこで、このコーチングで「解決してほしい課題」を明確にして、それを早い段階で田代さん本人にも共有するようにしました。

「そうなんです。上司からの評価面談などでも、同じご指摘を受けています。個々のプロジェクトに関わる時間を減らしていかないと、自分がマネジメントする全体金額は増やせませんので、これ以上昇進できないことはわかっていま

す。ただ自分の中では、無理にそこに挑戦するよりは、今のシニアマネジャーという職位でいたい気持ちが強いです」

上司から示された課題に対し、面と向かって「できない」「やりたくない」という態度は示さないものの、できれば今のままで良い、出世は望まないというのが本音のようです。このコーチングに対し、対価を支払っているのは会社ですので、会社の代表である上司の期待に応えるのがコーチングの大前提です。しかし、それを田代さんに強制することはできません。

一方で、田代さんの「今の立場を変えたくない」という話を黙って聞いていれば良いというわけでもありません。傾聴を続ければ田代さんの満足度は高くなるでしょうが、コーチの仕事はそれだけではありません。クライアントが抱える問題の解決、あるいはクライアント（田代さん）のキャリア開発を支援して、意識レベルや立ち位置（ステージ）を上げていかなければならないのです。

「ちなみにプロジェクトにしっかり関与するというのは、ご自身の前職におけるマネジャークラスのやり方だったのですか？」

「人それぞれ関与の仕方は違います。私の場合は、昔から手離れが悪く、時間をかけるタイプのマネジャーでした」

プロジェクトをマネジメントする際、ほとんど手を動かさずに指示だけして成果を出すマネジャーもいれば、実務の中心で仕事を回しアウトプットの質を確保する人もいます。田代さんは明らかに後者であり、そのことを本人も認めていました。私は率直に、「仕事への関与を少なくしないと、これ以上の上位ポジションに就くのは難しいという上司のコメントがありますが、それを聞いてどう思いますか」と尋ねてみました。もしかしたら、本音の部分が見えるかもしれないという期待があったのです。

「今の仕事のやり方を少しずつ変えていく努力はします。あくまで自分のペースで。もし、それで上に納得してもらえなければ、パートナーになりたい、なりたくないというより、なれないのだと思います。関与は薄くしていくよう努力しますが、完全にプロジェクトから離れてしまうのは、避けたいです」

結局その日は、これ以上この話題は続けず、以前の会社でやってきた仕事のことなどについて語ってもらいました。田代さんの気持ちは変わらないのかとも思っていました。しかし、その後何回かコーチングを続けていたあるとき、田代さんから意外な言葉が出ました。

「プロジェクトへの関与を薄くするのは、恐いんです……」

「恐い」という言葉の背景に何があるのか、もう少し詳しく聞いてみると、何と、「リストラが恐い……」ということでした。

「このコーチングで、いろいろと課題を提示していただいたので、自分の考えの背景にあるものは何か、先日考えてみたのです。なぜ私は実務からなかなか離れられないのだろうかと。そうしたら、この結論に辿りつきました」

自分の今の正直な気持ちを他者に話す、さらには過去の経験とそこでの当時の思いを振り返ることで、潜在意識が顕在化することはよくあることですが、まさにその効果でした。

「前の会社で大きく売上が減少したとき、退職勧奨を受ける人が多く出まし

た。コンサルティング会社ですので、ある程度は仕方ないと思っていましたが、自身が尊敬する上司もその対象になったときが一番ショックでした。そのとき『自分を守るのは自分の専門性しかない』と強く思ったのです。10年も前のことですが、実は自分の中に、この気持ちが強く残っているのだと思います」

その後も田代さんは、ご自分の気持ちを正直に話してくれました。「出世はしたい」、でも「リストラも恐い」。この両方の気持ちがあり、「だから苦しい」ということでした。漠然とした不安が、明確に言葉で表現できたことは大きな前進ですので、私はそれを田代さんに伝えました。後日、田代さんから次のような報告がありました。

「リストラにあうのは確かに恐いです。専門性を維持することで、それに対抗するしかないと決めていました。しかし、本当にそうなのか、他にやり方はないか、そんなことも今回のコーチングを通して考えるようになりました」

「自分を守るために、必死に専門性を磨いてきたことで今の田代さんがあります。過去のご自身を褒めて良いと思います」。私の言葉に頷き、続けます。

「現状維持は衰退と同じなので、挑戦していく自分でいたいと思います。これからは自分や他のメンバーの専門性を束ねて優れた結果を出して、チーム全体の価値向上に貢献してみよう、その役割を担うことに挑戦してみよう、そんな気持ちも出てきました」

【コーチの補足】

このケースでは、コーチである私自身にも大きな気づきがありました。それは、自分の思いの背景に何があるのか、そこに自分の力でたどり着いたときに変化が生まれるということです。田代さんは、以前のコンサル会社での経験と、当時の思いを言葉にすることで、そこに折り合いをつけることができました。時間はかかりましたが、頭ごなしに上司の期待を押しつけなくて良かったと思います。対象者のこだわりや価値観、指針の背景にあるものを、辛抱強く探っていくことが大切なのだと改めて痛感しました。

田代さんの意識の変化を支援できた。これは、とてもうれしいことでした。

おわりに　出世の「損得」を超えて

本書を最後までお読みいただき、ありがとうございます。

この本を読んで、「よし、出世を目指そう」という人が増えてくれたらこの上ない喜びです。

それも「健全な心」を保ったままで……。

この本の中で、「あなたの出世は、会社のためでもあり、同じ環境で働くメンバーのためでもあり、あなた自身のためでもあります」と再三、申し上げてきました。

なぜ出世が「自分のため」になるのでしょうか。それはあなたのキャリアが充実するからに他なりません。

キャリアは、無人島で暮らす人を除けば、自分一人の力で成就することはありません。

キャリアは他者から応援されることでしか充実しません。

例えばあなたの周りに「将来は人事の専門家として効率的に稼ぎたい」というキャリアビジョンを持っている人がいたらどう感じますか。

その人の家族でもなければ、せいぜい「頑張ってください」くらいの反応ではないでしょうか。

一方で、こう言われるとどうでしょうか？

「私は、人事経験を最大限に活かし、組織のリーダーになるべき人の成長とその組織の発展に貢献したい。苦しむリーダーがいれば、その人を助けたい。リーダーになるべき人が成長すれば、その組織の多くの人々が、イキイキと、納得して、やりがいを感じて、心地よく働くことができ、かつその結果が『組織の成果』に結びつくから。こんな社会貢献がしたいです」

こういった言葉を聞くと、「有意義なことだから、是非、頑張ってください」

という気持ちになり、もし自分に応援できることがあれば、何かしてあげたいといった気持ちになる人もいらっしゃるのではないでしょうか？

組織の中で出世するということは、自分一人では成し遂げられない夢を、仲間の協力を得ることで実現する可能性を高めるということになります。

夢の実現を応援する仲間、それがチームのメンバーです。

「スタジオジブリ」の、宮崎駿さんが以前こんなことを話しておられました。

「子どもたちに、『この世は生きるに値するんだ』ということを伝えることが自分たちの根幹にないといけないと思って仕事をしてきた。それは今も変わっていません」

これは宮﨑駿さんの夢でもあり、その夢を応援してくれる人への「一緒にやろう」というメッセージにもなるのだと思います。

この夢に賛同した人たちが、宮﨑さんと一緒に「成し遂げたい」と思うからです。

宮﨑駿さんも人間ですから、「お金儲けをしたい」とか「有名になりたい」という気持ちがゼロであるはずはありません。

しかし、「儲かったら、たっぷりお礼を弾むから一緒にアニメをつくろう」という言葉では、他者の真のコミットメントを得ること（巻き込むこと）は不可能です。

つまり「世の中にどんなお役立ちをしたいか」という夢（キャリアビジョン）が、他者の心を引きつけるのです。

皆さんも是非、ご自身の仕事での夢（チームで成し遂げたいこと）を言葉にして発信してみてください。

一方で、この本でもご紹介した通り、出世には大きな負荷もかかります。損か得かで見れば、短期的には明らかに損です。

コストパフォーマンス、タイムパフォーマンス、どれをとっても「良い」とはいえません。

ただ、そのプロセスで得るものが、将来への財産になると考えると、大きな「得」になる可能性を秘めています。

この本を読んだからといって、この本に書いてあることを実践したからといって、全員が出世することはありません。

しかし、それを目指しての悪戦苦闘は、人生を色濃いものにしてくれることでしょう。

良い経験を積むと、それがさらに良い経験を連れてきます。結果はともかく、大きな感動につながります。

よく、出世することで「組織において使う側になれる」というフレーズを聞きます。

しかし、出世は、組織において「使う側になるか」「使われる側になるか」を決めるものというより、「他人任せのビジネス人生」の割合を減らし、「より主体的なビジネス人生」を目指すためのもの、といったほうが適切ではないでしょうか。

是非、出世を目指して、貴重な経験を積み重ねてください。

出世を目指すことは、チャレンジの連続です。失敗の連続になるかもしれません。

しかしその失敗も含めて、あなたの人生がきっと「味わい深いもの」になることでしょう。

2024年4月

金沢工業大学大学院　客員教授
ビジネスパフォーマンスコーチ合同会社　代表

鳥谷陽一

出世のお作法

45歳からの「清」「濁」二刀流リーダーシップ

2024年4月26日　第1刷発行

著者　鳥谷陽一
発行者　鈴木勝彦
発行所　株式会社プレジデント社
〒102-8641
東京都千代田区平河町2-16-1 平河町森タワー13階
https://www.president.co.jp/　https://presidentstore.jp/
電話　編集 03-3237-3733
　　　販売 03-3237-3731

販売　高橋 徹、川井田美景、森田 巌、末吉秀樹
装丁　鈴木美里
組版　清水絵理子
校正　株式会社ヴェリタ
制作　関 結香
編集　金久保 徹

印刷・製本　大日本印刷株式会社

ISBN978-4-8334-5244-1
Printed in Japan